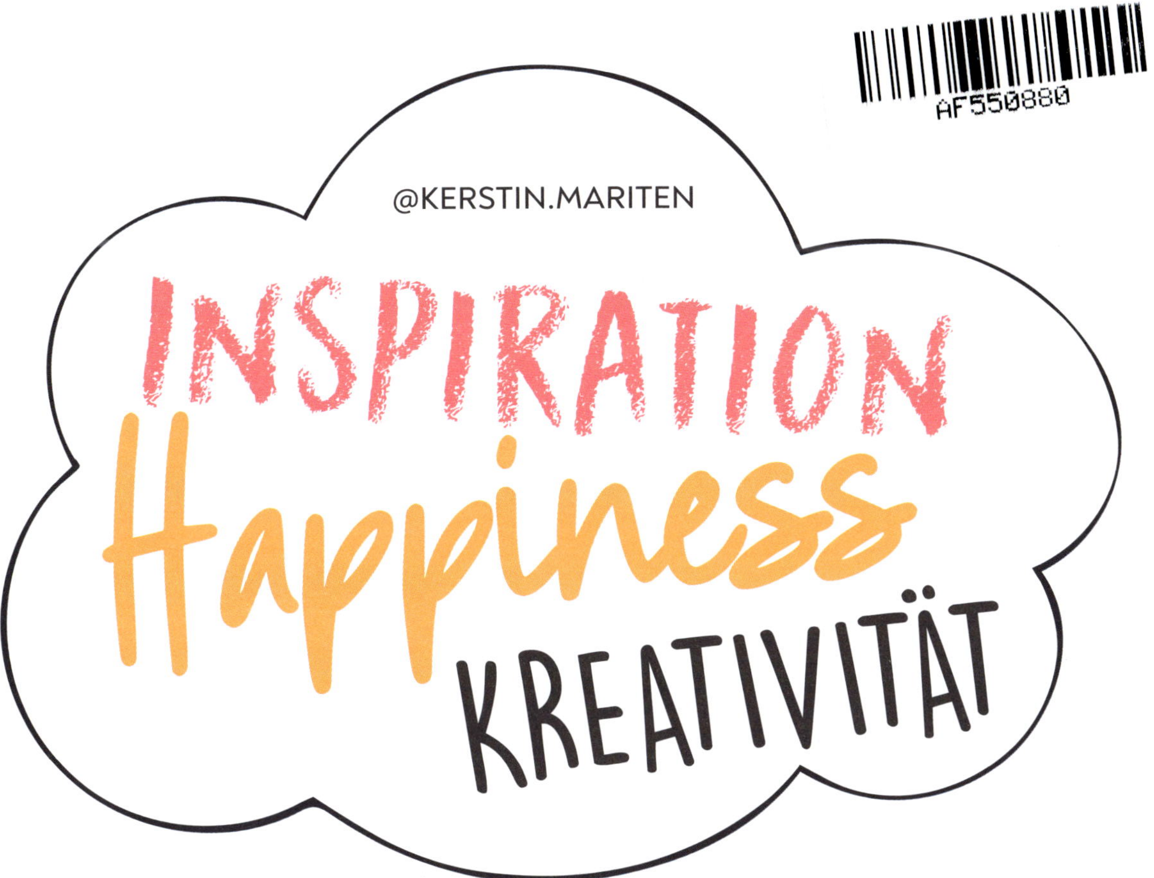

KERSTINS MAL- UND ZEICHEN-IDEEN FÜR DEINEN KREATIVEN FLOW

HEEEEEEY!

Willkommen auf deinem ganz persönlichen, kreativen Spielplatz! Dieses Buch begleitet dich ab jetzt in fast alle Lebenssituationen, die dir tagtäglich begegnen. Du kannst es immer zur Hand nehmen, dich damit ablenken, unterhalten, deine Kreativität finden, basteln, malen, Geschenke zaubern oder einfach nur deine Hände beim Telefonieren beschäftigen.

Es ist vollgepackt mit Ideen, die dich inspirieren und die du überall hin mitnehmen, aber auch direkt ins Buch zeichnen kannst. Inspiration, Happiness, Kreativität: Das ist mein Motto, und jetzt, wo du dieses Buch in deinen Händen hältst, auch unser gemeinsames.

„Ach, aber ohne Talent geht eh nix ...“ – Stopp! Ist dir dieser Satz schon mal in den Kopf gekommen, wenn du etwas malen, zeichnen oder basteln wolltest? Dann ganz schnell weg damit. Klar, Talent gibt es in jeder Kunst – beim Singen, beim Kochen, beim Tanzen, beim Zeichnen. Aber weißt du, was viel wichtiger ist?

Motivation! Und Spaß daran, Herausforderungen anzunehmen, Weitermachen, Ausprobieren, Einfach-drauflos-Energie. Denn was bringt Talent, wenn du keinen Spaß an deiner Kunst hast und was bringt Talent, wenn du nach einem Pinselstrich denkst: „Gäääääähn, sooo langweilig ...“
Mit diesem Buch kannst du dein Können entdecken und ausprobieren – um vielleicht auch mal was zu zerknüllen, aber genau dann wieder anzufangen. Nimm einfach immer wieder den Stift in die Hand und lass dich von diesem Buch inspirieren, deiner Kreativität auf die Spur zu kommen.

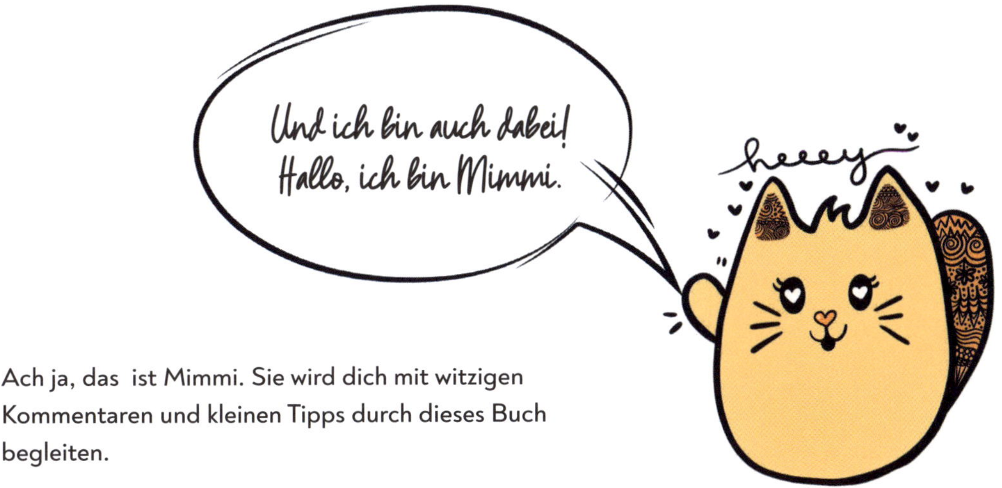

Ach ja, das ist Mimmi. Sie wird dich mit witzigen Kommentaren und kleinen Tipps durch dieses Buch begleiten.

INHALT

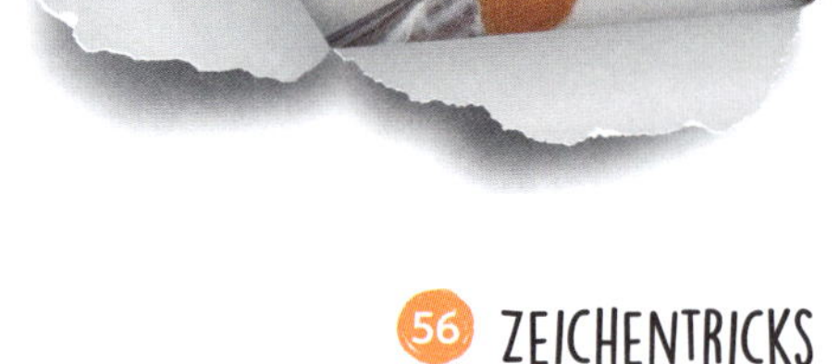

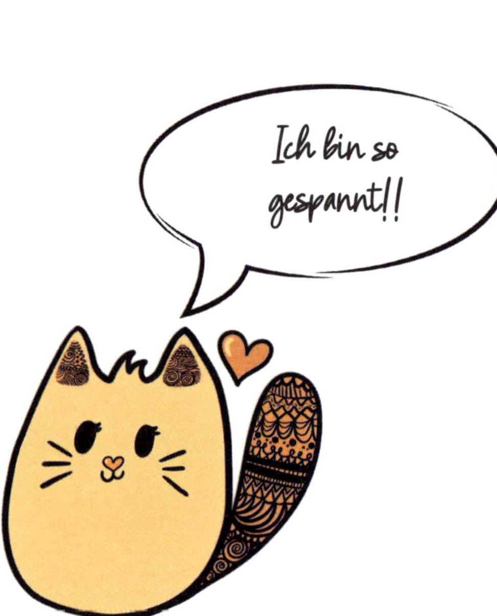

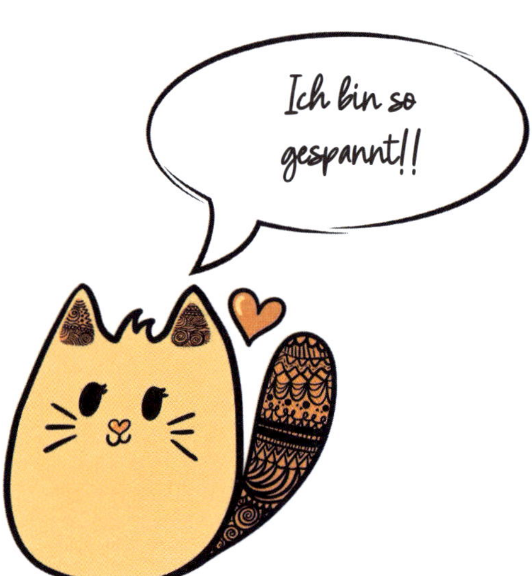

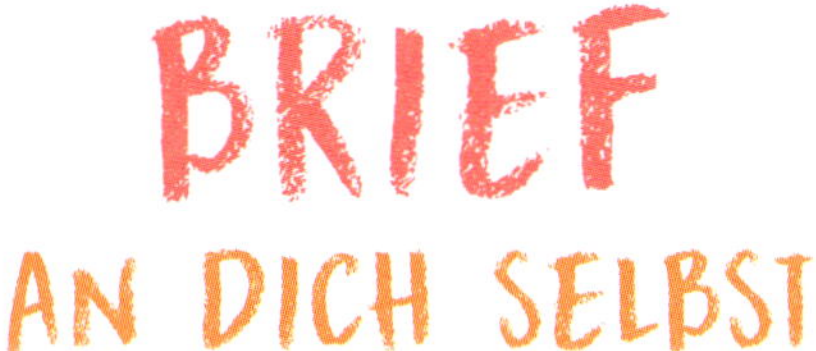

BRIEF AN DICH SELBST

Für den Beginn dieses Buchs habe ich eine ganz besondere, kreative Aufgabe für dich: ein kurzer Brief an dich selbst. Den kannst du direkt hier unten auf die Zeilen schreiben und dort stehenlassen. Oder du schneidest deinen Brief aus, faltest ihn und steckst ihn hinten in das Buch. Schreib auf, was dir in den Sinn kommt. Vielleicht etwas, das dich gerade beschäftigt, welches deine Ziele sind, vielleicht etwas Witziges, vielleicht, was es heute zu essen gab ... Vergiss nicht, das heutige Datum zu notieren!

Wann immer du möchtest – oder wann immer du den Brief wiederentdeckst – kannst du ihn öffnen und sehen, was sich in einer Woche, einem Monat oder einem Jahr so getan hat. Welche Probleme, über die du dir gerade den Kopf zerbrichst, vielleicht schon gar nicht mehr aktuell sind oder welche Erfolge du schon geschafft hast.

MATERIAL

Da dieses Buch dafür da ist, deine Kreativität im Alltag zu entdecken, kannst du fast alle Ideen mit einfachen Materialien nachmachen. Dabei ist es völlig egal, welchen Stift du zu Hause hast oder mit welchem du gern arbeitest. Auf den nächsten zwei Seiten stelle ich dir trotzdem ein paar Materialien vor, damit du einen Überblick über die Möglichkeiten hast.

ZUM ZEICHNEN

Bleistifte eignen sich hervorragend, um das Zeichnen zu üben und Sicherheit zu bekommen. Vor allem wenn du etwas verschenken willst, ist es immer gut, erst einmal eine Skizze vorzuzeichnen. Wenn du möchtest, dass von der Vorzeichnung später nichts mehr zu sehen ist und sich die Bleistiftstriche ganz ohne Probleme wegradieren lassen, solltest du auf die Bezeichnung auf dem Bleistift achten. Hier ist eine kleine Tabelle für dich:

B	weiche Miene
HB	genau in der Mitte
H	harte Miene

Je höher die Zahl vor dem Buchstaben, desto stärker seine Eigenschaft. Und je weicher ein Bleistift ist, desto besser lässt er sich radieren. Mit HB-Bleistiften klappt es aber meistens auch gut.

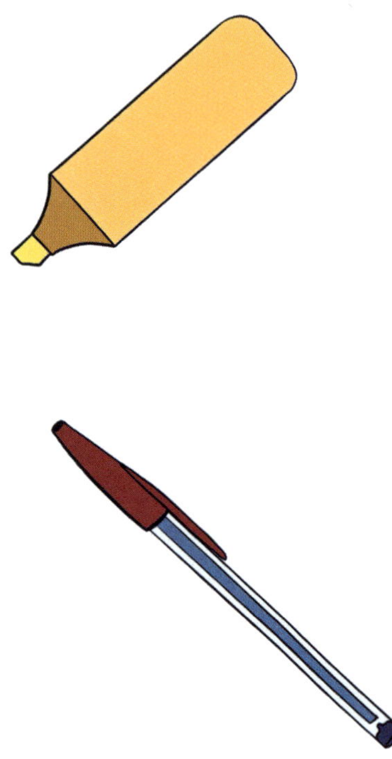

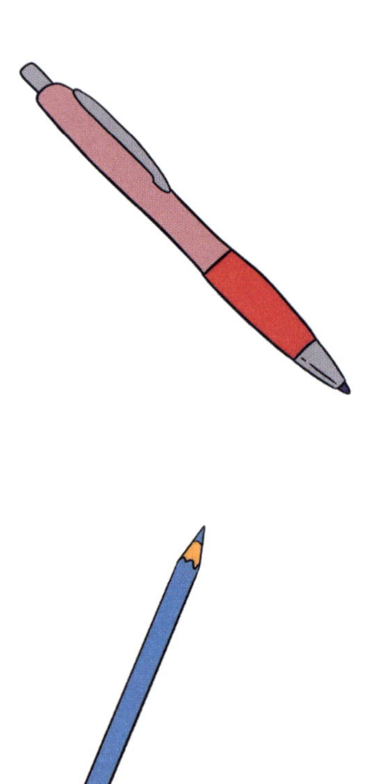

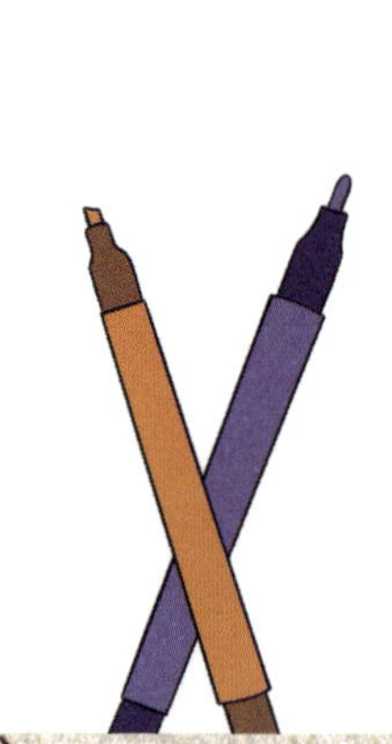

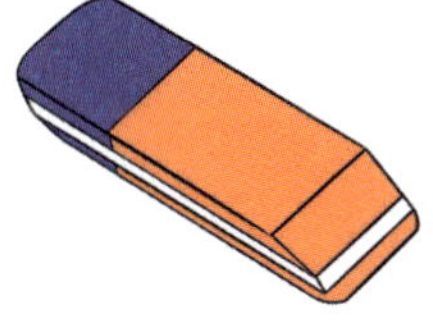

Apropos Radiergummi: Bevor du auf deinem schönen Papier oder der Karte zum Verschenken radierst, machst du am besten einen Testlauf. Zeichne also erst einmal mit deinem Bleistift auf ein Schmierpapier und teste, wie gut er sich wieder entfernen lässt.

ZUM (AUS)MALEN

Zum Ausmalen sind dir im Buch wirklich gar keine Grenzen gesetzt! Du benötigst keine bestimmten Stifte, sondern kannst einfach das benutzen, was du zu Hause hast und gerne magst.

Das können neben Buntstiften auch Filzstifte sein, Gelmarker, Text- oder Alkoholmarker. Du kannst dieses Buch auch zum Anlass nehmen, um verschiedene Stifttypen kennenzulernen. Fertige die gleiche Zeichnung zuerst mit der einen und dann mit der anderen Art von Stift an – oder kombiniere wild durcheinander. So lernst du deren unterschiedliche Eigenschaften kennen und bekommst ein gutes Gefühl für jeden Stift.

Wenn du Filzstifte oder Marker benutzt, hast du vielleicht schon festgestellt, dass man deren Striche auch nach dem Trocknen noch sieht. Damit deine ausgemalte Fläche ordentlich aussieht, hilft es, eine bestimmte Strichrichtung einzuhalten.

Also statt so …

… lieber gleichmäßig in eine Richtung malen.

Hast du bestimmte Zeichnungen schon öfter angefertigt, kannst du durch neue Materialien ganz einfach neue kreative Ausdrucksformen entdecken. Verwende zum Beispiel Tinte, Wasserfarben oder Acrylfarben. Oder wechsle mal von Papier auf andere Untergründe. Wie wäre es mit Karton, Stoff, Leinwänden oder sogar mit einem Spiegel? Es gibt so viel zu entdecken!

ZEICHENÜBUNG
FÜR MEHR KREATIVITÄT

Bevor wir jetzt gleich in die Kapitel eintauchen, findest du hier noch meine Lieblingsübung für Kreativität. Diese Übung ist perfekt für viele verschiedene Situationen. Du hast eine kreative Blockade? Langeweile? Du brauchst eine Beschäftigung beim Vokabellernen? Du möchtest dich kreativ herausfordern? Die folgende Zeichenübung passt perfekt!

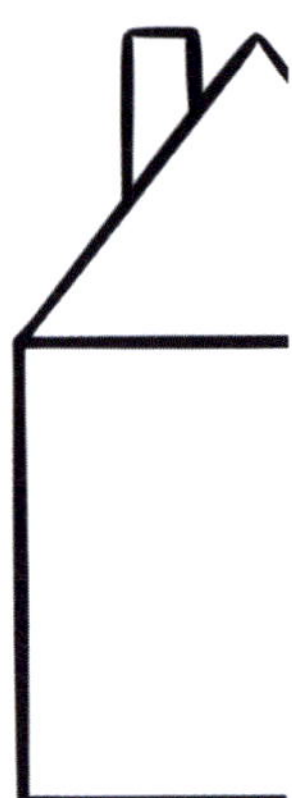

Was siehst du hier? Klar, das ist natürlich die linke Hälfte eines kleinen Häuschens. Die Challenge dieser Übung besteht darin, die Zeichnung zu vervollständigen, dabei aber KEIN Haus zu zeichnen. Was könnte man aus den vorhandenen Linien noch zeichnen? Was erkennst du? Keine Angst! Auch einfach drauflosmalen kurbelt die Vorstellung an. Kleiner Tipp: Ganz hinten im Buch, auf Seite 159, habe ich zwei Ideen gezeichnet, dort kannst du dich inspirieren lassen.

Dreh das Buch für eine neue Perspektive und Inspiration

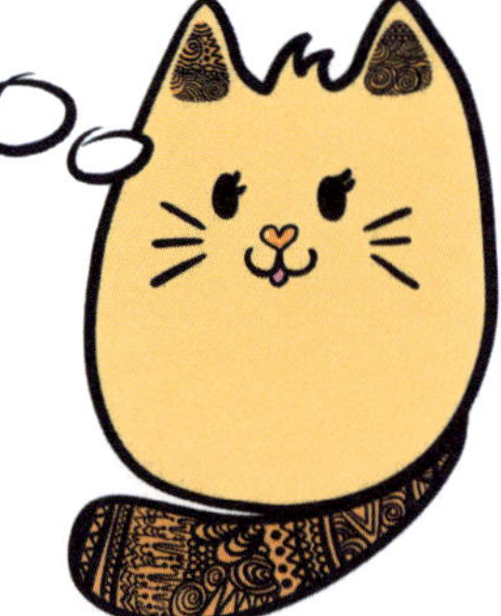

TIPP: Diese Übung kannst du immer und überall wiederholen. Zeichne dir selbst eine bekannte Form zur Hälfte vor und versuche dann, sie zu vervollständigen. Drucke ein halbes Bild aus oder schau dich mal um: Vielleicht liegt irgendwo eine Zeitung oder ein alter Prospekt, aus dem du ein Bild zur Hälfte ausschneiden kannst. Was könnte zum Beispiel vor dieser schönen Bergkulisse liegen?

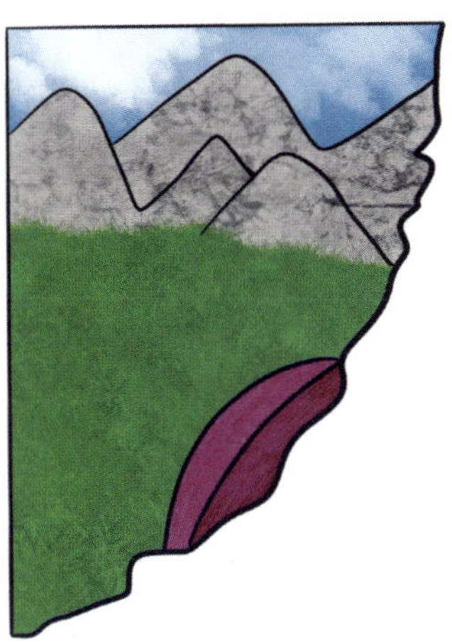

Perfekt. Mit diesem kreativen Boost kannst du jetzt mit einem Hechtsprung ins Buch eintauchen. Ich wünsche dir ganz viel Spaß beim Kreativsein, beim Zeichnen, Basteln und Malen und bin gespannt, in welchen Lebenssituationen dich das Buch begleitet. Schreibe mir immer gern auf Social Media und verlinke mich auch gern, wenn du etwas aus dem Buch machst. Ich freue mich, das alles zu sehen!

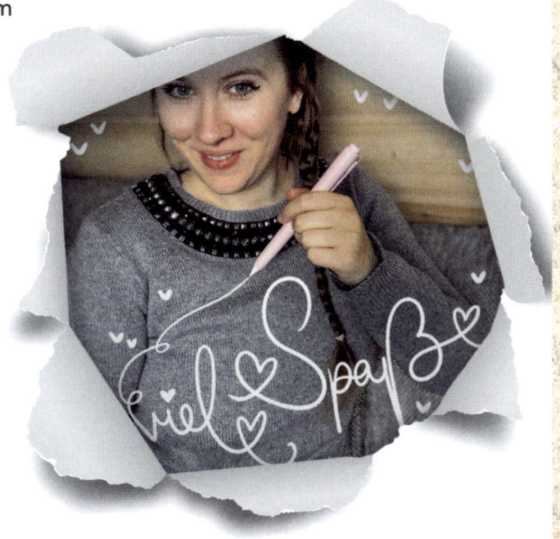

HIER FINDEST DU MICH:

TikTok: @kerstin.mariten
Instagram: @kerstin.mariten
Youtube: Kerstin Mariten
Pinterest: Kerstin Mariten

KLEINE STARTHILFE

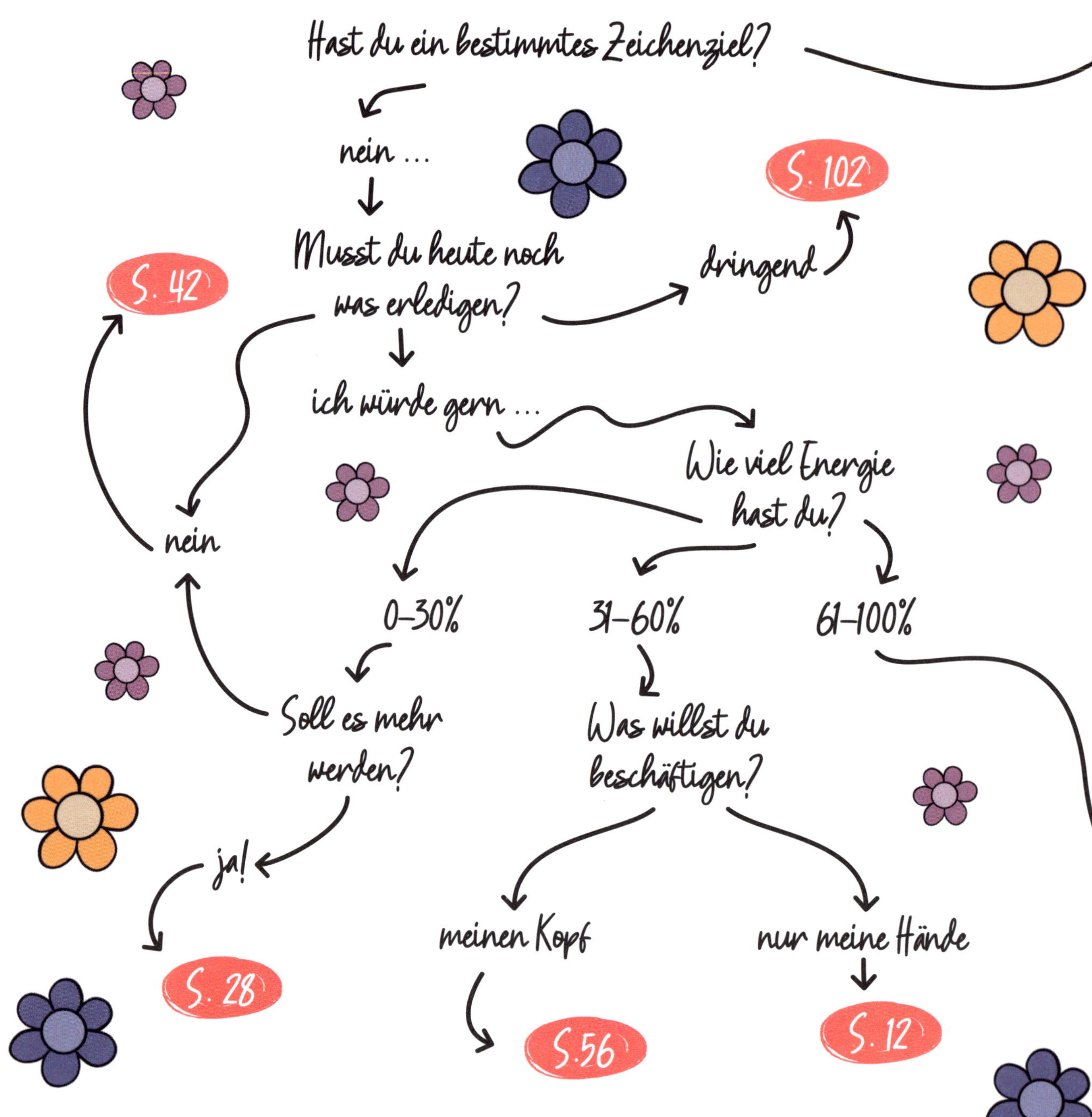

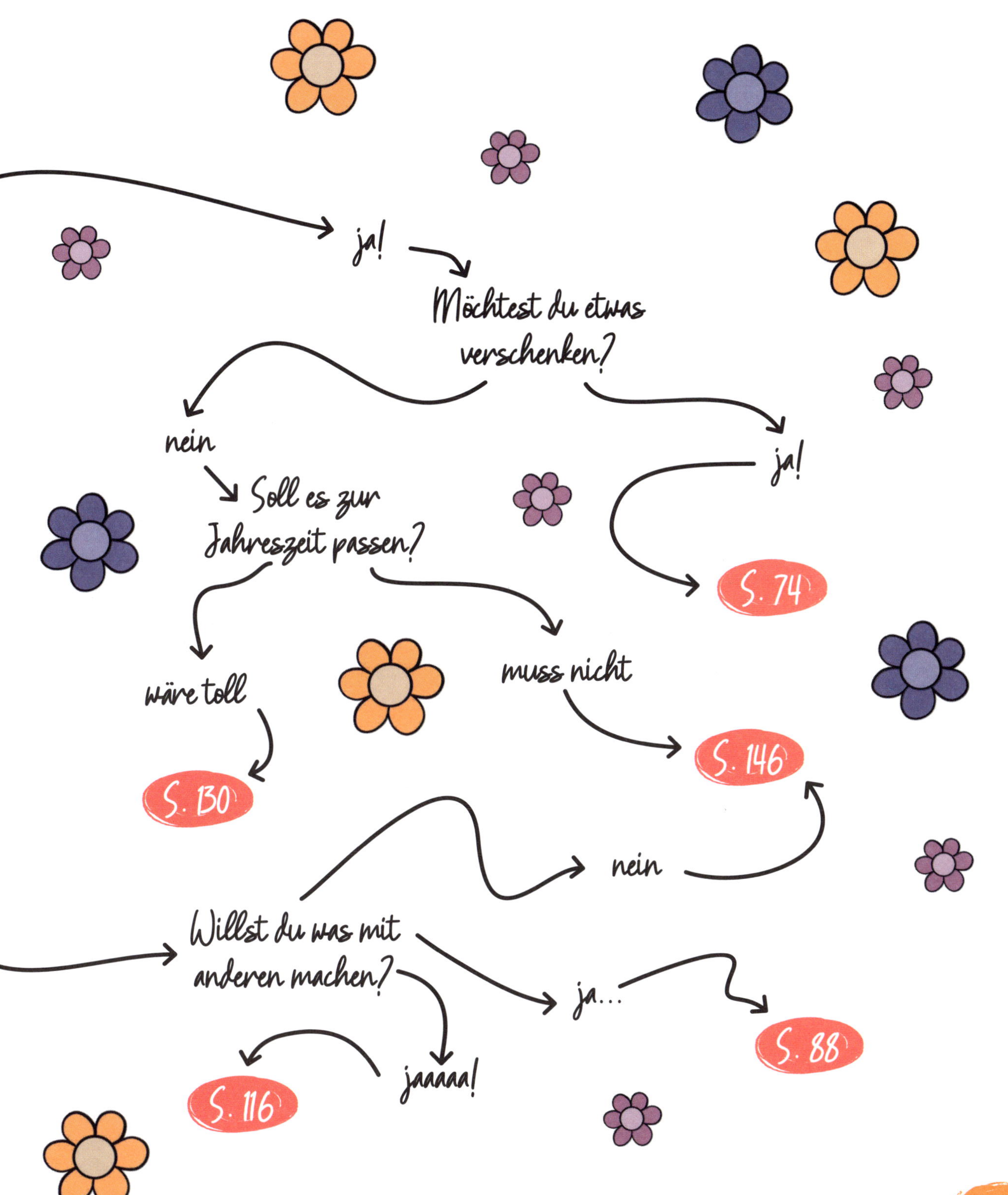
ja!
Möchtest du etwas verschenken?
nein
ja!
Soll es zur Jahreszeit passen?
S. 74
wäre toll
muss nicht
S. 146
S. 130
nein
Willst du was mit anderen machen?
ja...
S. 88
jaaaaa!
S. 116

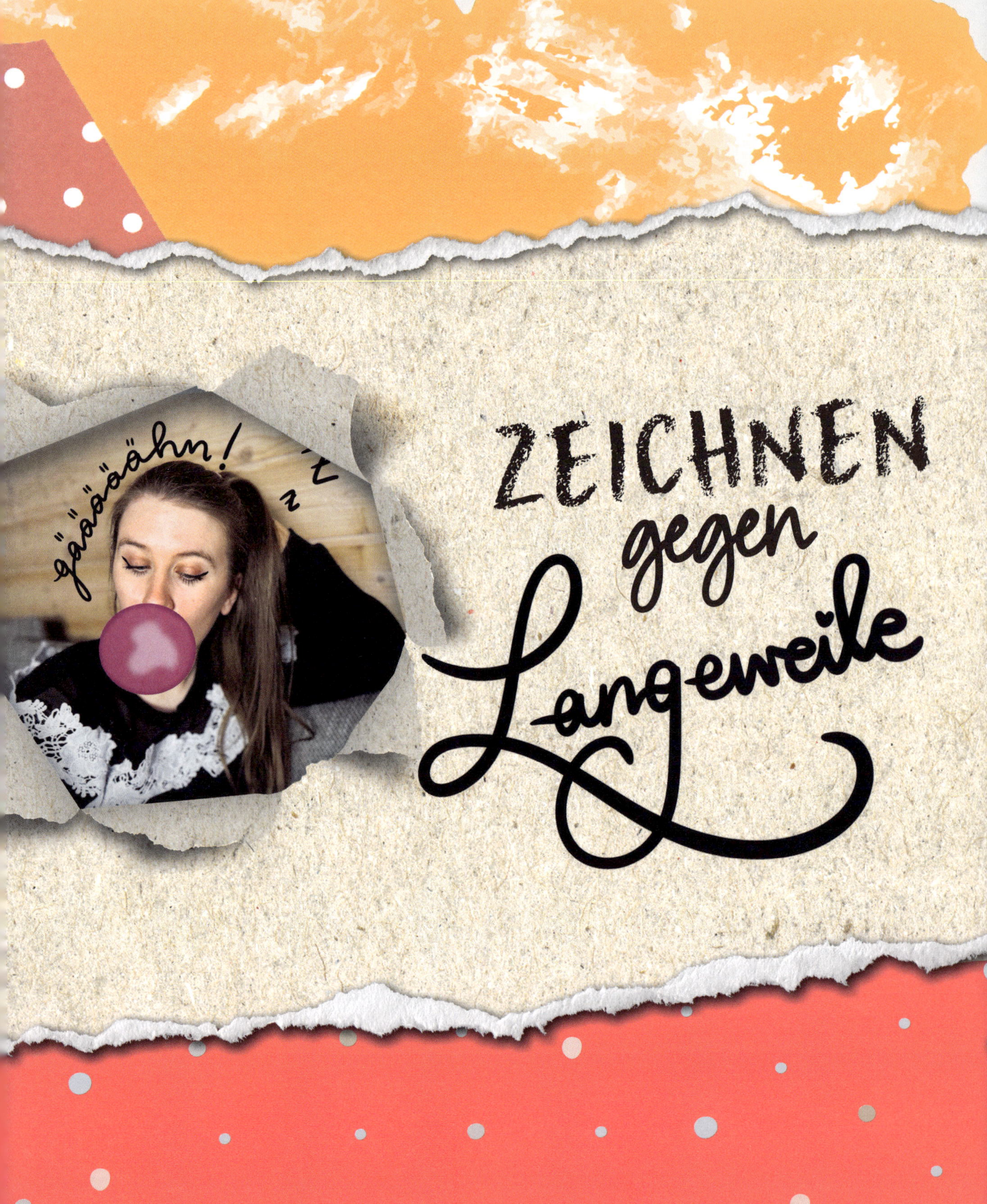
gäääähn!
ZEICHNEN
gegen
Langeweile

Eine wirklich gute Methode, um Langeweile zu vertreiben, ist zeichnen. Dabei kannst du dich in Mustern und Farben verlieren, neue Zeichenmethoden lernen und am Ende hast du sogar noch ein hübsches Kunstwerk geschaffen. Das kannst du aufhängen, als neuen Umschlag für deinen Kalender verwenden oder als Karte zurechtschneiden und verschenken.

Perfekt passen dazu eine Tasse Tee oder ein Eiskaffee und dein Lieblingsplatz und schon vergeht die Zeit, ohne dass du es merkst.

MUSTER GEGEN LANGEWEILE

Schritt für Schritt entsteht bei dieser Zeichnung ein wunderschön blumiges Bild. Damit ist deine Langeweile hoffentlich bald besiegt!

SO GEHT'S:

1. Zeichne Kreise in unterschiedlichen Größen, die sich gegenseitig berühren. Es müssen keine perfekten Kreise sein, aber du kannst natürlich auch einen Zirkel oder kleine, runde Schablonen verwenden.

2. Fülle jeden Kreis mit einer Blume. Das Innere der Blume muss dabei nicht immer genau in die Mitte des Kreises sein. Am Ende entsteht auf diese Weise ein abwechslungsreiches Muster.

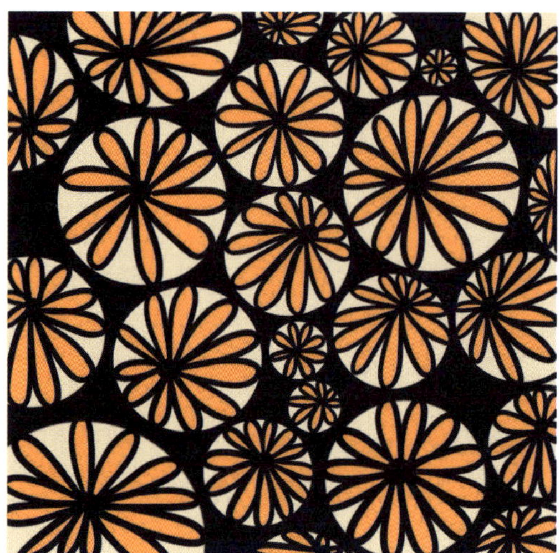

3. Zum Schluss kannst du dein Muster noch bunt ausmalen.

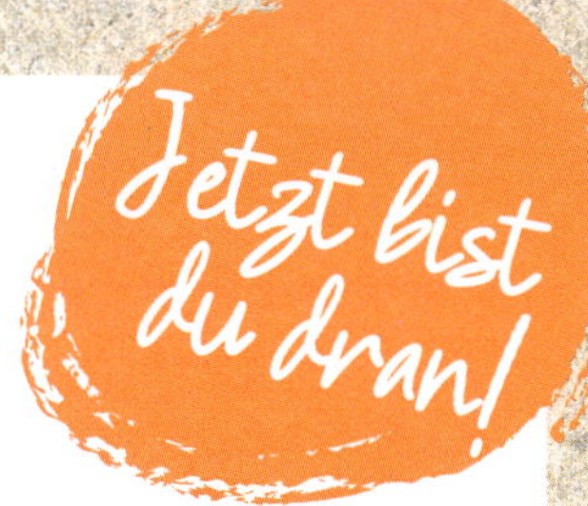

Hier kannst du dein blumiges Muster kreieren, wenn du das nächste Mal Langeweile hast.

WASSER UND FARBE

Nicht nur deine Kreativität, auch die Zeit fließt mit dieser Übung dahin. Am Ende hast du ein tolles Kunstwerk geschaffen und gleichzeitig noch perfekt deine Langeweile besiegt.

DU BRAUCHST:

Wasserfarben • Rundpinsel • festeres Papier • Papiertaschentuch • kleine Gefäße mit Wasser • Fineliner

SO GEHT'S:

1. Rühre mit dem Pinsel und etwas Wasser die Wasserfarbe an. Wasche den Pinsel dann mehrmals im Gefäß aus. Pro Farbe, die du benutzen willst, brauchst du ein Gefäß.

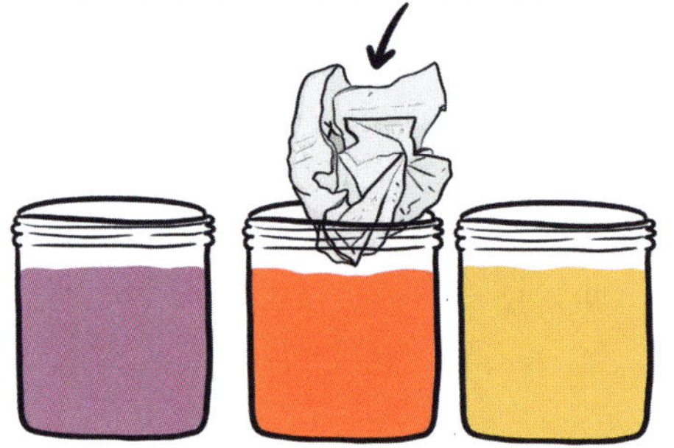

2. Tauche jetzt das Taschentuch vorsichtig in das gefärbte Wasser und tupfe dann auf das Papier.

3. Lasse alles gut trocknen.

4. Lasse deiner Fantasie jetzt freien Lauf und versuche, Strukturen in der Farbe zu erkennen. Die entdeckten Formen kannst du mit einem Fineliner festhalten.

Damit das Trocknen schneller geht, kannst du auch einen Föhn benutzen.

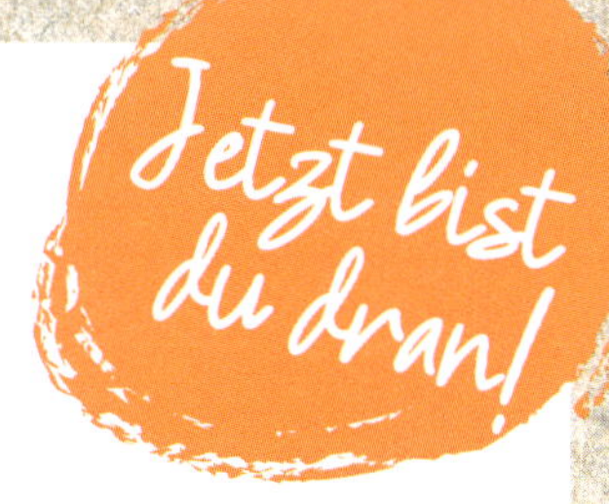

Hier habe ich für dich schon mal ein bisschen Farbe aufgetupft. Versuche, in den Klecksen ein Bild oder mehrere Formen zu erkennen. Los geht's!

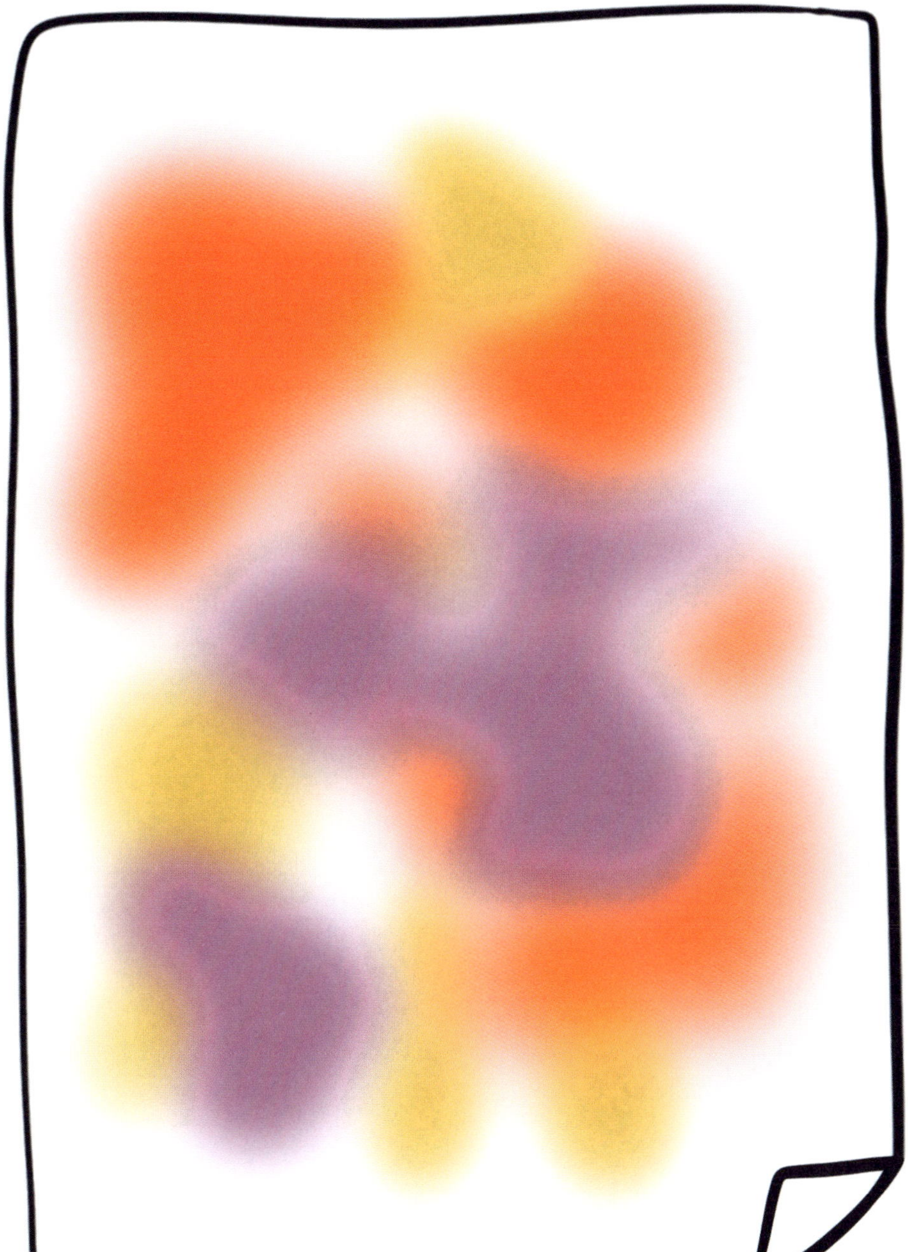

VIELE WÖRTER
MACHEN EIN BILD

Diese Kreativübung habe ich früher in der Schule sehr oft gemacht, wenn mir langweilig war, deshalb möchte ich sie dir in diesem Buch unbedingt zeigen! Vielleicht findest du ebenso viel Spaß daran wie ich.

SO GEHT'S:

1 Überlege dir ein grobes Thema für dein Bild. Das könnte zum Beispiel „Draußen in der Natur“ sein oder „Ich treffe meinen Crush“ oder „Gemütlicher Spaziergang in der Stadt“.

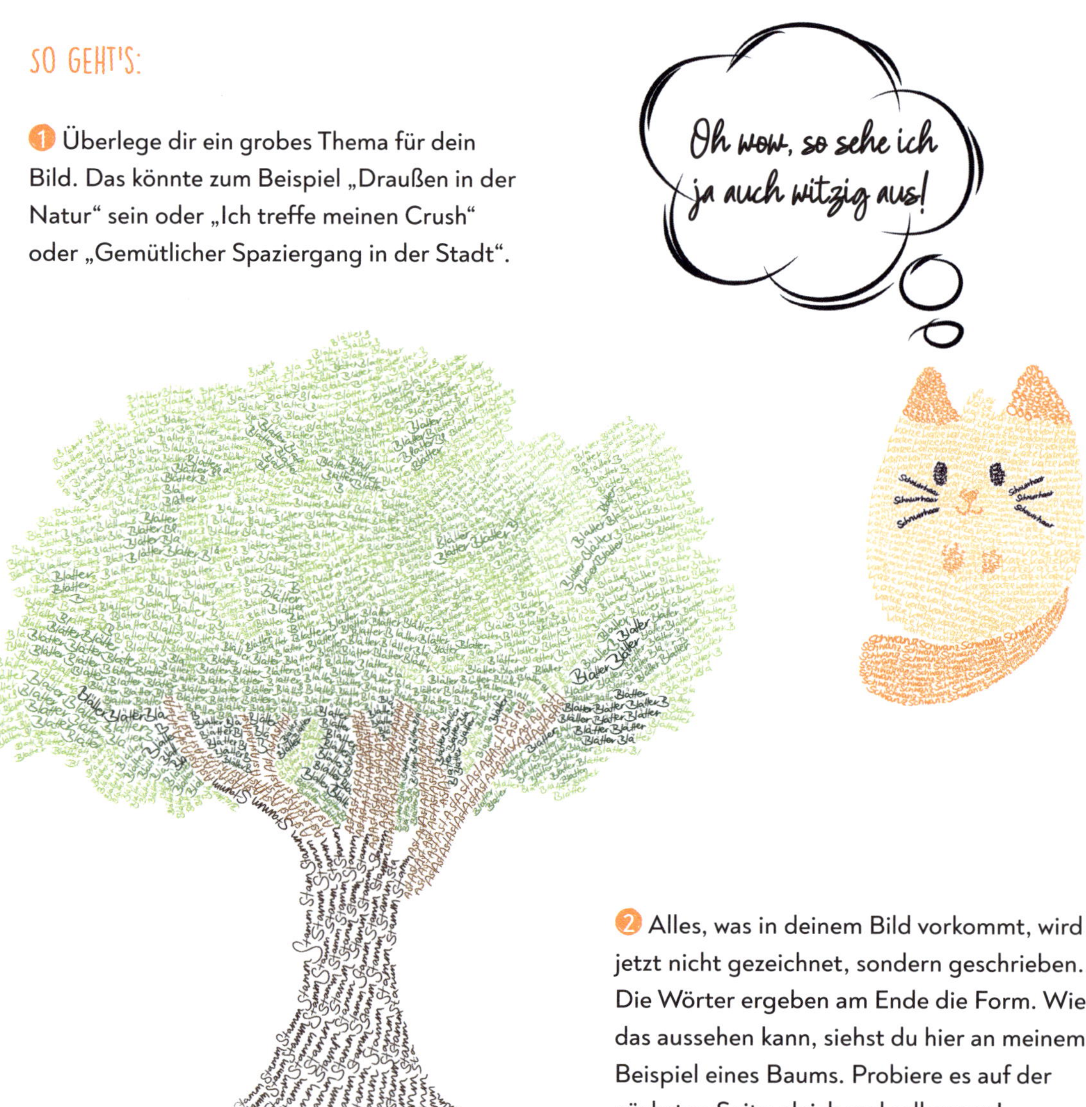

2 Alles, was in deinem Bild vorkommt, wird jetzt nicht gezeichnet, sondern geschrieben. Die Wörter ergeben am Ende die Form. Wie das aussehen kann, siehst du hier an meinem Beispiel eines Baums. Probiere es auf der nächsten Seite gleich mal selber aus!

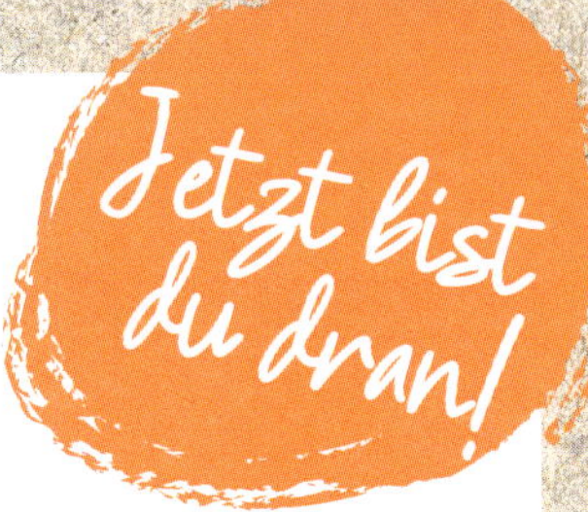

Hier ist Platz für deine eigene Baumzeichnung:

Auf der nächsten Seite geht's gleich noch weiter mit einem sehr süßen Motiv ...

Hier habe ich für dich schon einmal mit einem kleinen Café begonnen. Schnapp dir das Buch, wenn dir das nächste Mal langweilig ist und vervollständige das Bild. Je genauer und kleiner du schreibst, desto länger bist du mit dem Bild beschäftigt und umso toller ist das Endergebnis.

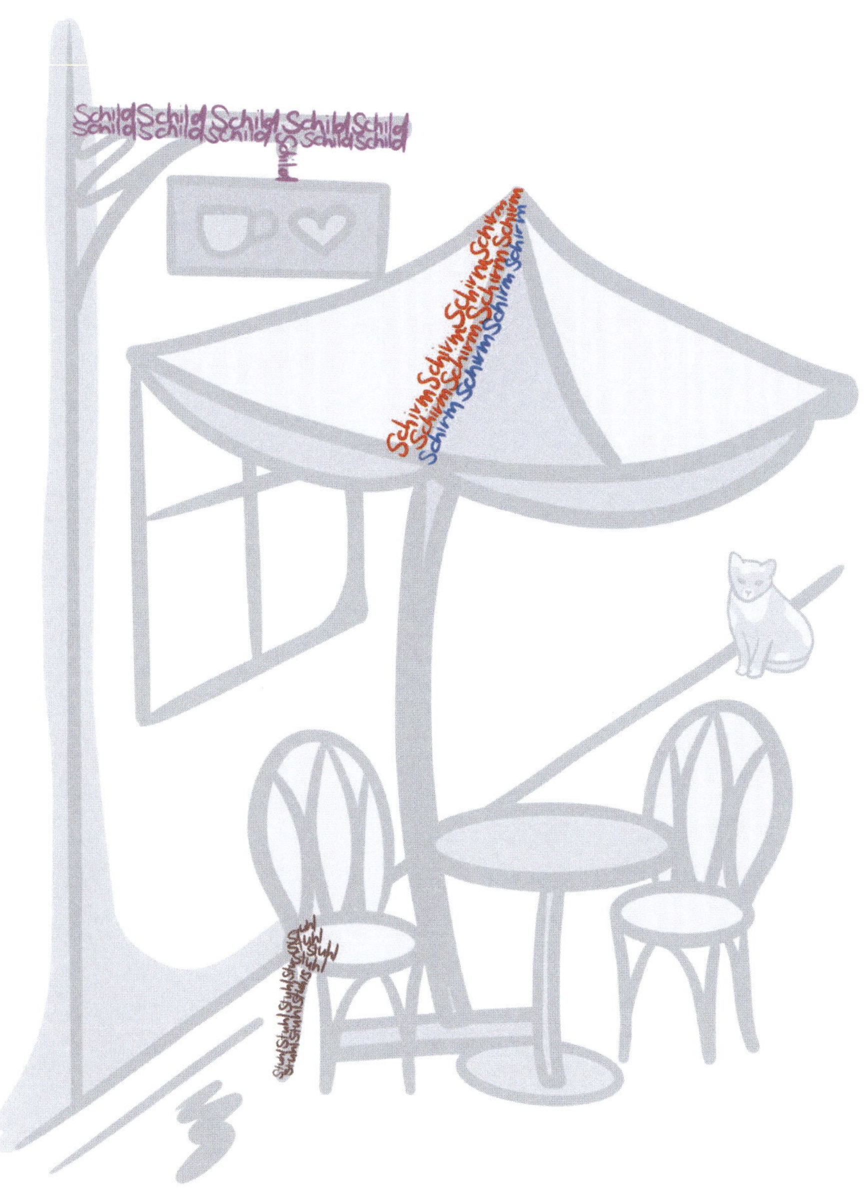

VIELE HERZEN

Langeweile und ein leeres Blatt Papier? Dann hol dir schnell einen schwarzen Stift und leg los.

SO GEHT'S:

1 Male irgendwo auf das Blatt Papier einen schwarzen Punkt. Von diesem Punkt aus ziehst du Linien nach außen. Die Abstände zwischen den Linien sollten unterschiedlich groß sein.

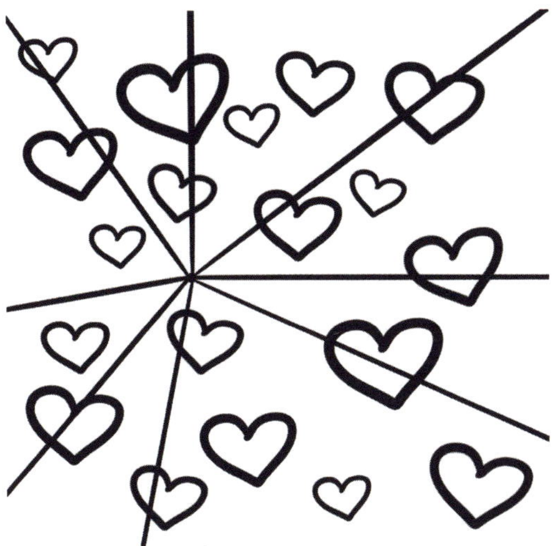

2 Auf und zwischen den Linien verteilst du jetzt ganz viele Herzen.

3 Male nun jedes zweite Feld schwarz aus. Lass die Herzen dabei frei.

4 Zum Schluss malst du bei allen Herzen, die auf einer Linie liegen, diejenige Hälfte schwarz aus, die in einem weißen Feld liegt. So entsteht ein tolles Muster!

QUADRATKREISEL

Mit dieser Zeichnung bist du wirklich lange beschäftigt – ein echtes Zaubermittel gegen Langeweile.

SO GEHT'S:

1 Die Grundlage der Zeichnung ist ein Quadrat, das innen mit weiteren Linien gefüllt wird. Dabei ziehst du immer von einer Ecke zur gegenüberliegenden Linie.

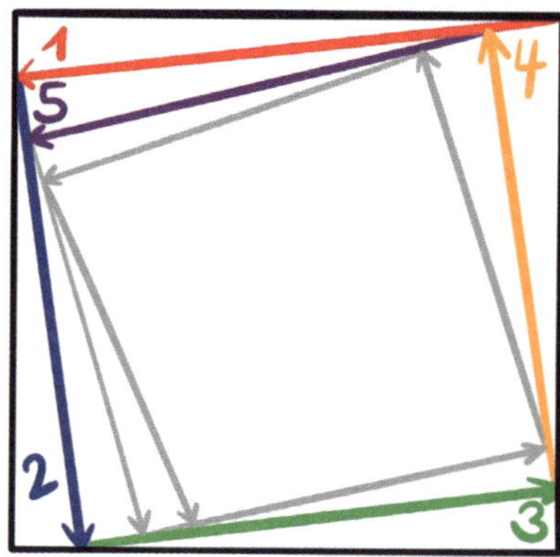

2 So erhältst du das charakteristische Muster und füllst das Quadrat, bis kein Platz mehr ist.

Ein wirklich toller Effekt ergibt sich, sobald du einige Quadrate neben- und aneinander zeichnest. Wie das aussieht, siehst du auf der nächsten Seite. Starte dabei jedes neue Quadrat immer in der Ecke, zu der die letzte Spitze zeigt, dann gelingt dir das Gesamtkunstwerk.

Schraffiere die Spitzen mit Bleistift für einen tollen 3D-Effekt.

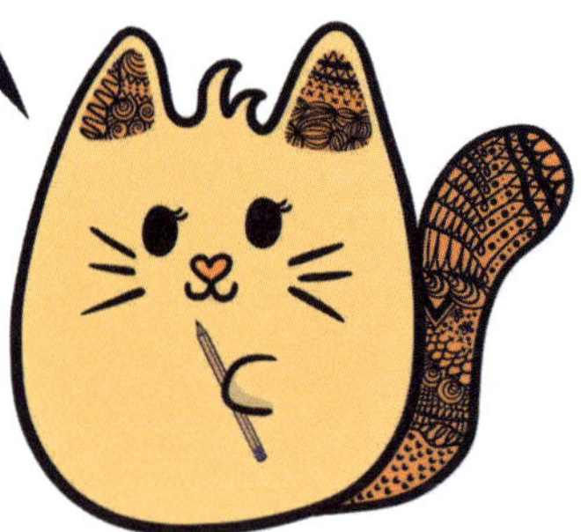

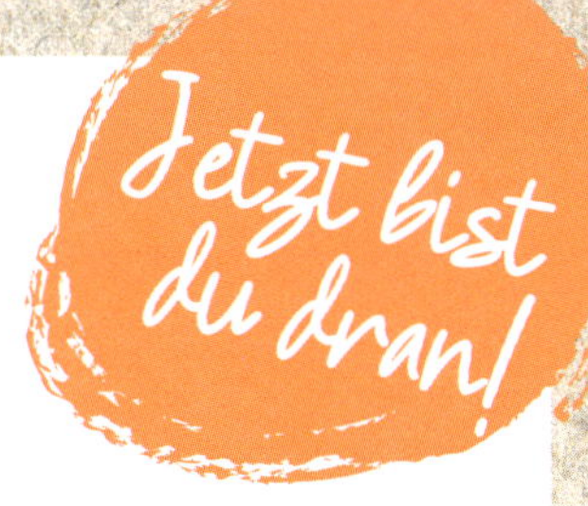

Zeichne hier gleich weiter. Wenn du magst, kannst du im Anschluss die ganzen Quadrate noch ausmalen.

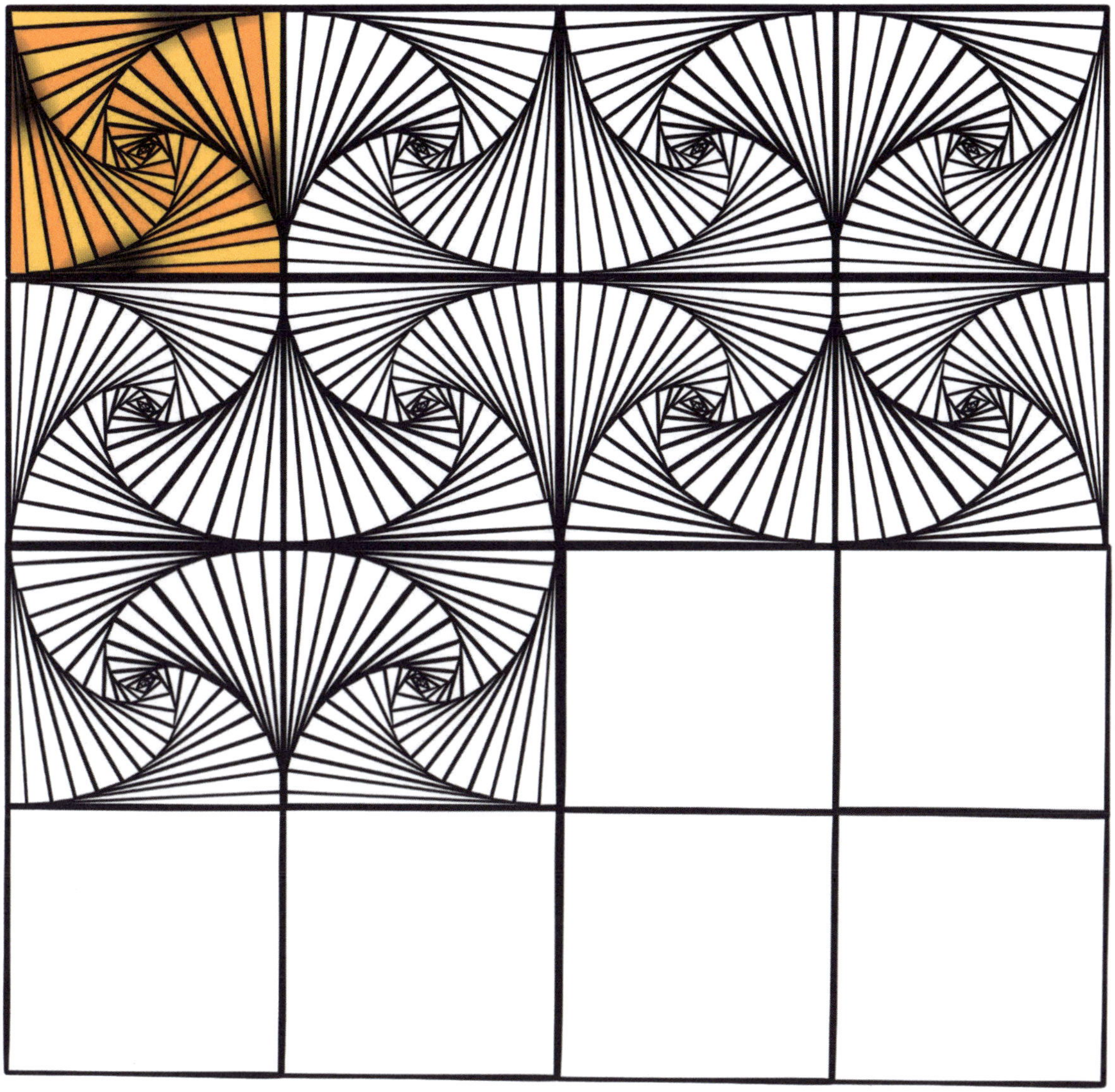

EINE NEUE WELT

Das Schöne an unserer Fantasie ist, dass wir uns alle möglichen wirklichen und unwirklichen Welten vorstellen können. Muss die Welt aus einem Himmel oben und der Erde unten bestehen? Vielleicht kann sie einfach eine Spirale sein. Gerade dann, wenn du deine Fantasie spielen lässt, vergeht die Langeweile ganz von selbst.

Welche Welt könnte sich in dieser Spirale verstecken? Ich habe schon mal begonnen zu zeichnen. Mach hier einfach weiter. Du kannst einfache Blumen und Gräser, Wichtelhäuschen oder aufwendigere Tiere zeichnen. Je nachdem, wonach du dich fühlst.

Jetzt bist du dran!

WICHTELHÄUSCHEN

Vielleicht hast du bei der letzten Übung schon ein paar Wichtelhäuschen in die Spiralwelt gezeichnet. Wichtelhäuschen sind auch eine sehr süße und witzige Idee, um etwas gegen deine Langeweile zu unternehmen.

Zeichne sie einfach überall hin. In die Tageszeitung, auf den Einkaufszettel, in das Heft deiner Banknachbarin, auf den Kassenzettel ... Vielleicht entdeckt sie so auch noch jemand anderes und freut sich darüber.

Hier sind drei Beispiele für süße Wichtelhäuser. Du kannst sie auch direkt hier im Buch ausmalen, wenn dir das nächste Mal langweilig ist.

Jetzt bist du dran!

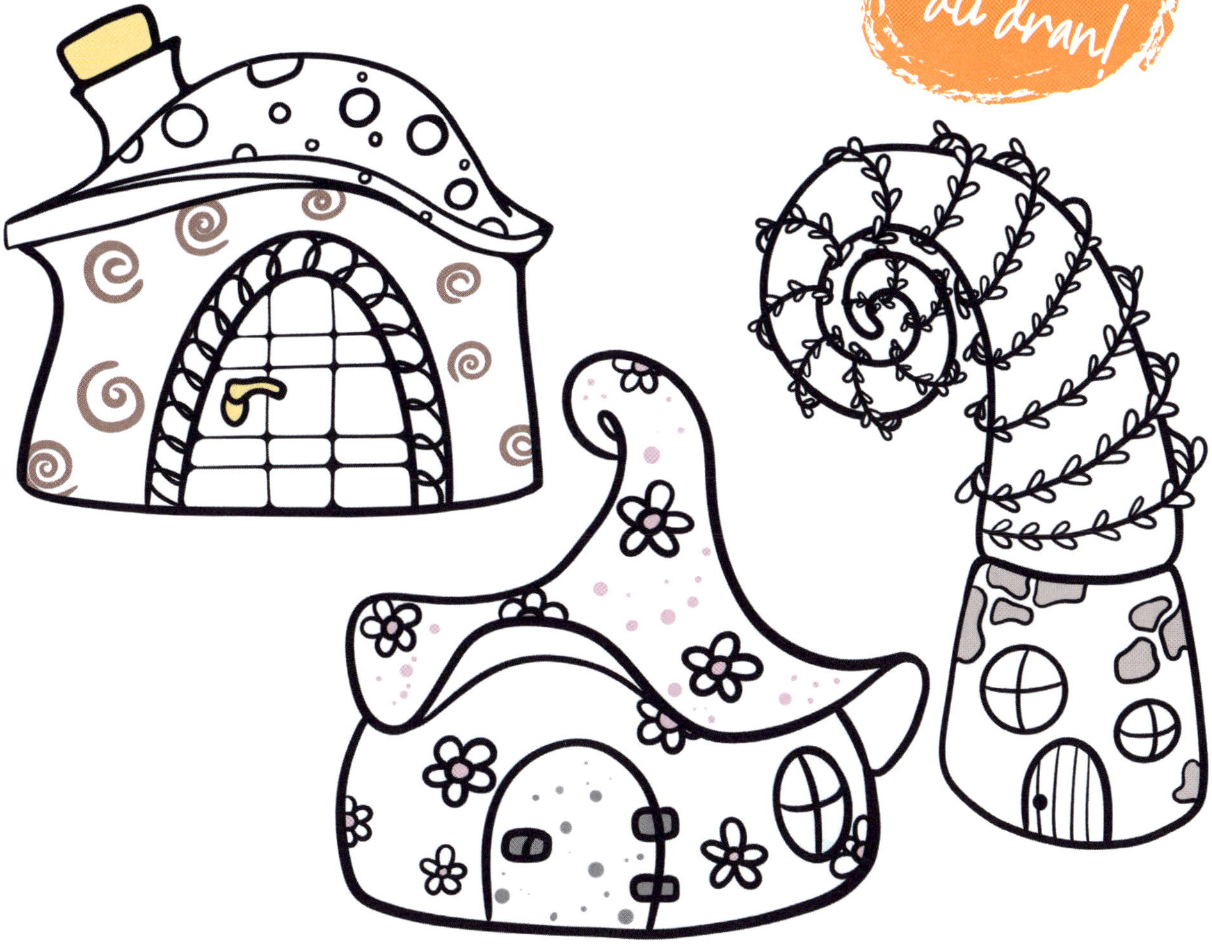

LIEBLINGSMUSTER

Tolle Muster zu zeichnen ist einfach die beste Art, um Langeweile zu vertreiben. Für dieses brauchst du nur einen Stift – das heißt, du kannst es einfach überall zeichnen. Zu Hause am Schreibtisch, an der Bushaltestelle oder im Wartezimmer beim Arzt.

SO GEHT'S:

1 Zum Start kannst du außerdem deine ganze Energie erst einmal auf dem Papier rauslassen. Zeichne gebogene Linien mit Schwung über das ganze Blatt.

2 Zeichne nun entlang der Konturen deiner Linien jeweils innen und außen weitere Linien. Baue dabei in die leeren Bereiche durch weitere Striche zusätzliche Felder ein. So ergibt sich am Ende ein besonderes Muster.

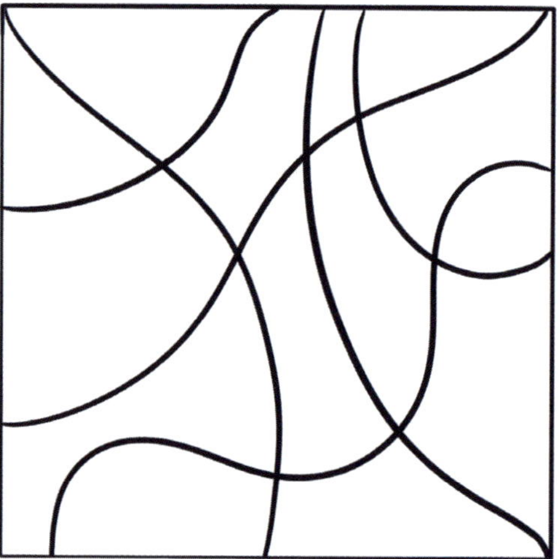

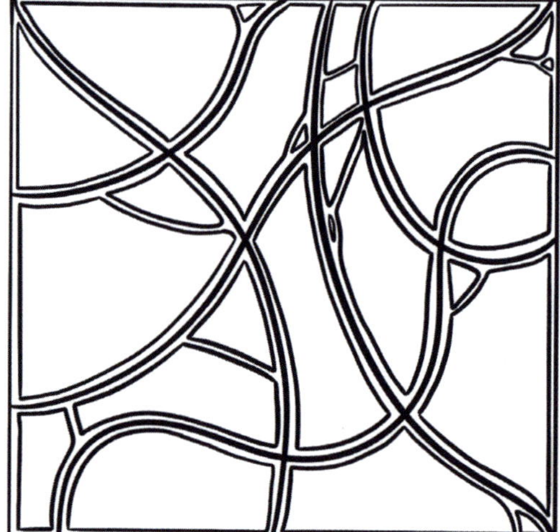

Jetzt bist du dran!

Hier ist Platz für deine Zeichnung. Du kannst am Ende auch alles mit Farbe füllen. Ich habe oben schon mal für dich angefangen.

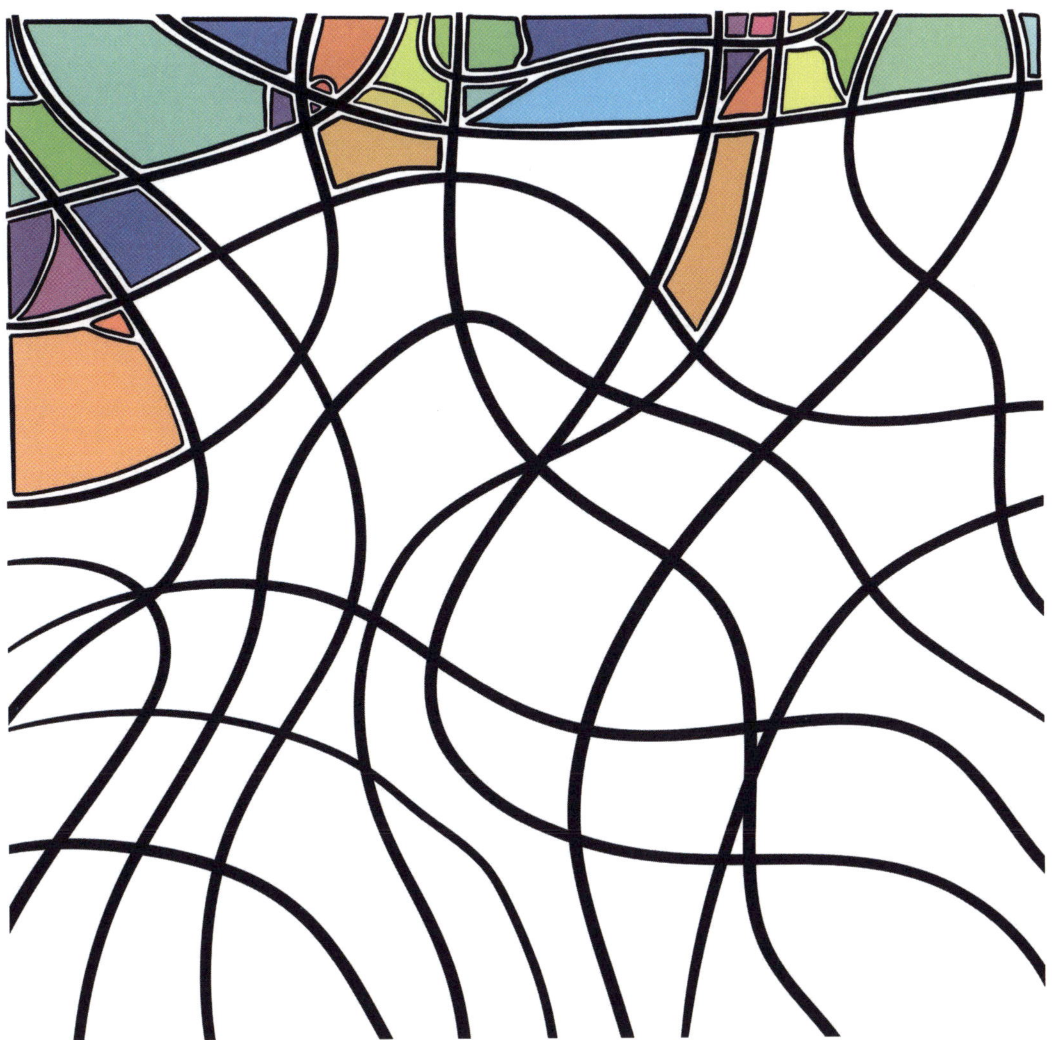

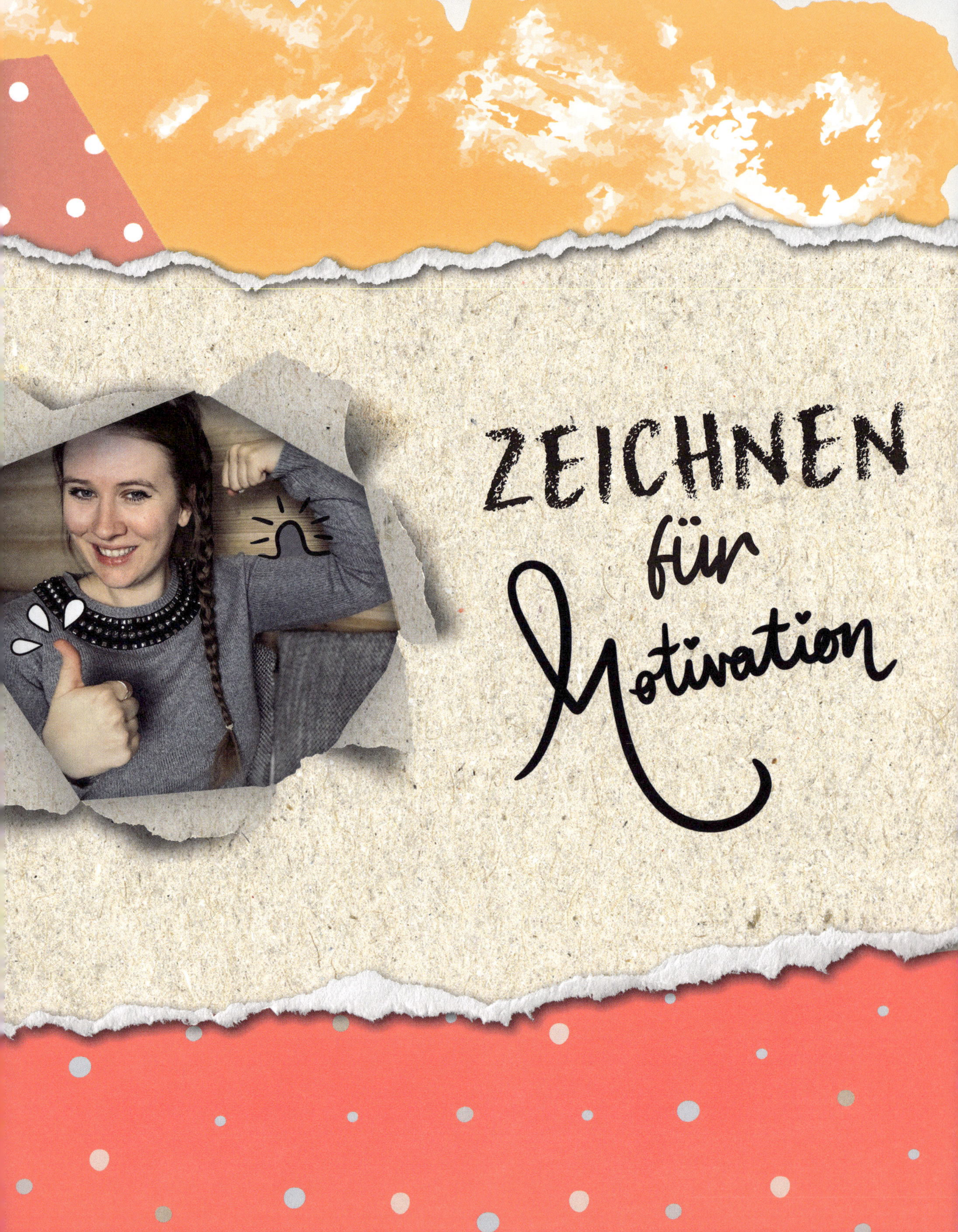
ZEICHNEN
für
Motivation

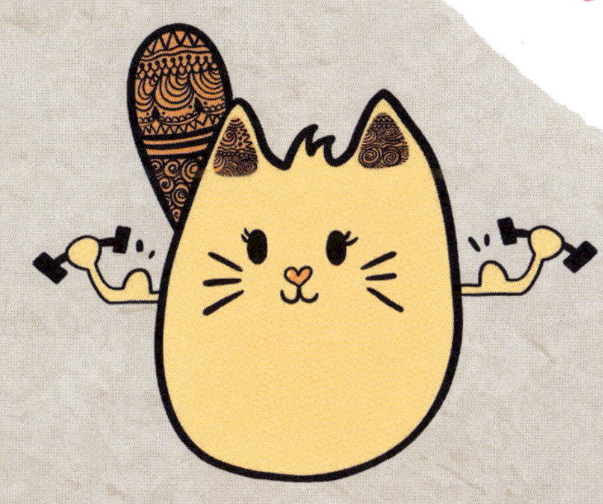

Kennst du das? Du würdest gern etwas zeichnen, malen, schreiben – einfach kreativ sein. Und jetzt sitzt du vor einem weißen Blatt Papier und hast absolut keine Idee, wie du starten sollst. Du kannst sicher sein, das geht nicht nur dir allein so. Deshalb zeige ich dir im nächsten Kapitel einige Methoden, wie du solche Blockaden löst. Gleichzeitig sind diese Übungen auch perfekt dazu geeignet, um Motivation und Energie für alle anderen Aufgaben des Lebens zu schöpfen. Bist du erst einmal im Flow, fällt es dir viel leichter, deine Kreativität auch auf andere Projekte zu übertragen.

KREATIVITÄTSÖFFNER
AUS DER KÜCHE

Keine Idee, was du zeichnen könntest? Dann hilft etwas trockener Reis aus der Packung deiner Motivation vielleicht auf die Sprünge. Also ab in die Küche – und los geht's!

SO GEHT'S:

1 Nimm eine Handvoll Reis und lasse ihn mit ungefähr fünf Zentimetern Abstand von oben vorsichtig auf dein Papier rieseln.

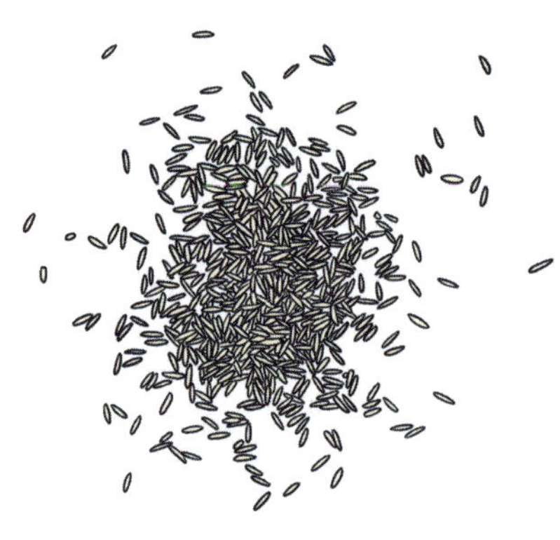

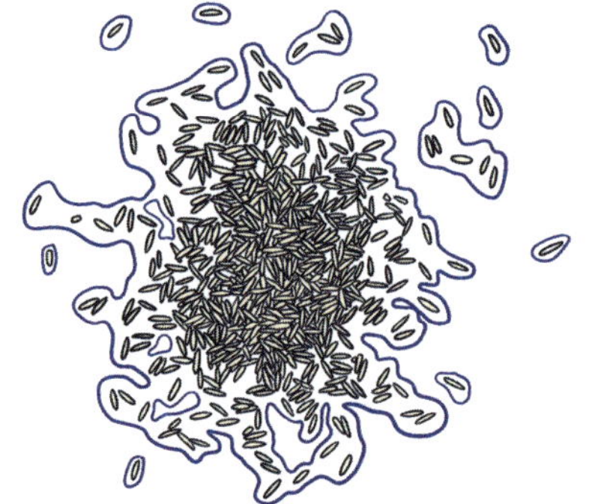

2 Schnapp dir einen Stift deiner Wahl und umrande die Form, in die deine Reiskörner gefallen sind. Falls Reiskörner weiter entfernt gelandet sind, kannst du diese als einzelne, kleine „Inseln" umranden. Wenn du magst, kannst du auch kleine, leere Formen einfügen.

3 Anschließend dürfen die Reiskörner wieder zurück in die Packung.

4 Und jetzt lass deine Kreativität sprudeln! Nimm die entstandene Form als Ausgangspunkt für ein Fabelwesen, für die Landkarte eines unentdeckten Landes oder versuche, darin eine bekannte Form zu erkennen und zeichne diese weiter.

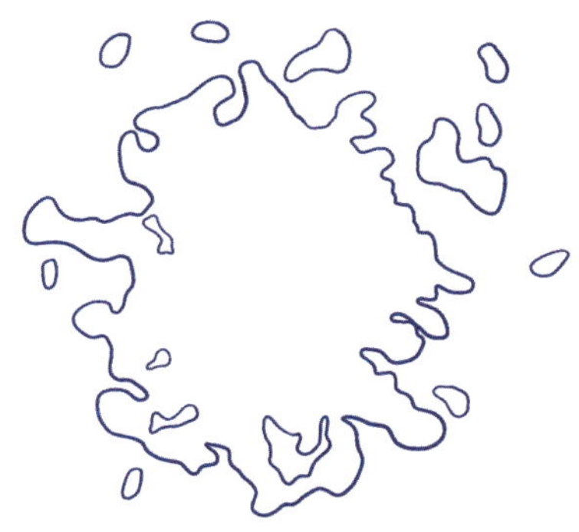

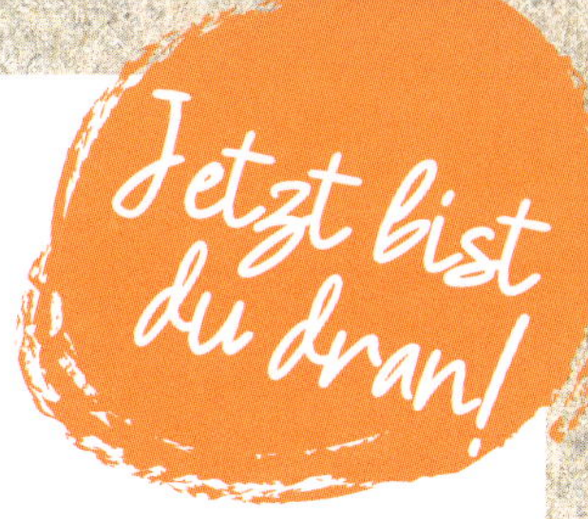

Hier ist Platz für deine Reiszeichnung.

EIN PLAN
FÜR ALLE FÄLLE

Hast du ein bestimmtes Ziel vor Augen, aber irgendwie fehlt es dir einfach an genügend Motivation, um darauf hinzuarbeiten? Es ist super hilfreich, das große Ziel in viele kleine Schritte zu unterteilen. Eine Zeichnung ist auf diesem Weg die perfekte Unterstützung.

SO GEHT'S:

1. Zeichne dafür ein Lieblingsmotiv auf ein Blatt Papier und unterteile es in viele kleine Teile.

Das könnte so aussehen: Oder so:

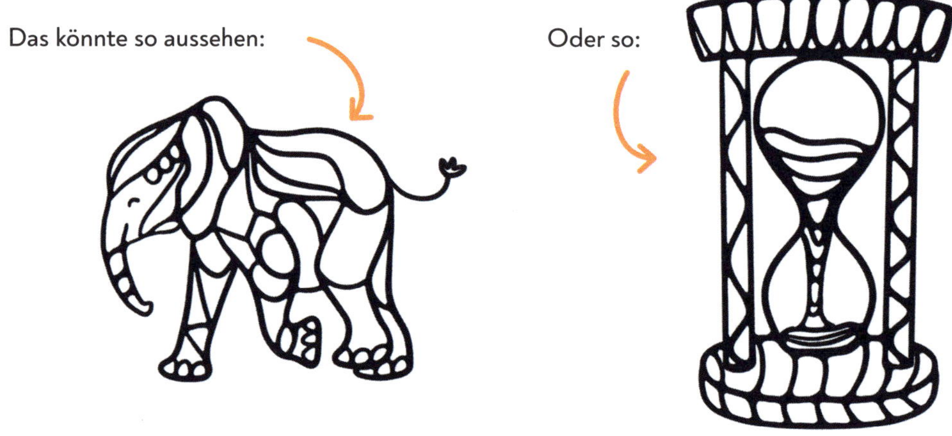

2. Lege jetzt einen Rhythmus fest, in welchem du einzelne Schritte in Richtung deines Ziels erreichen willst. Zum Beispiel ein Mal pro Woche zum Sport gehen, einen Euro pro Tag ins Sparschwein werfen oder alle zwei Tage zehn neue Vokabeln lernen. Für jeden geschafften Schritt malst du einen Teil deiner Zeichnung aus. Das Ziel, das Bild vollständig auszumalen, steht dabei stellvertretend für dein großes, abstraktes Ziel.

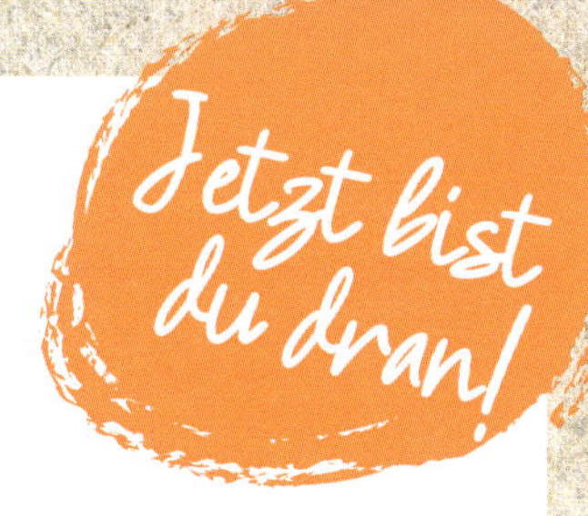

Unser Maskottchen eignet sich doch perfekt als motivierende Begleiterin für dein nächstes Ziel. Möchtest du eine bestimmte Anzahl an kleinen Schritten erreichen, kannst du die einzelnen Teile auch noch nummerieren.

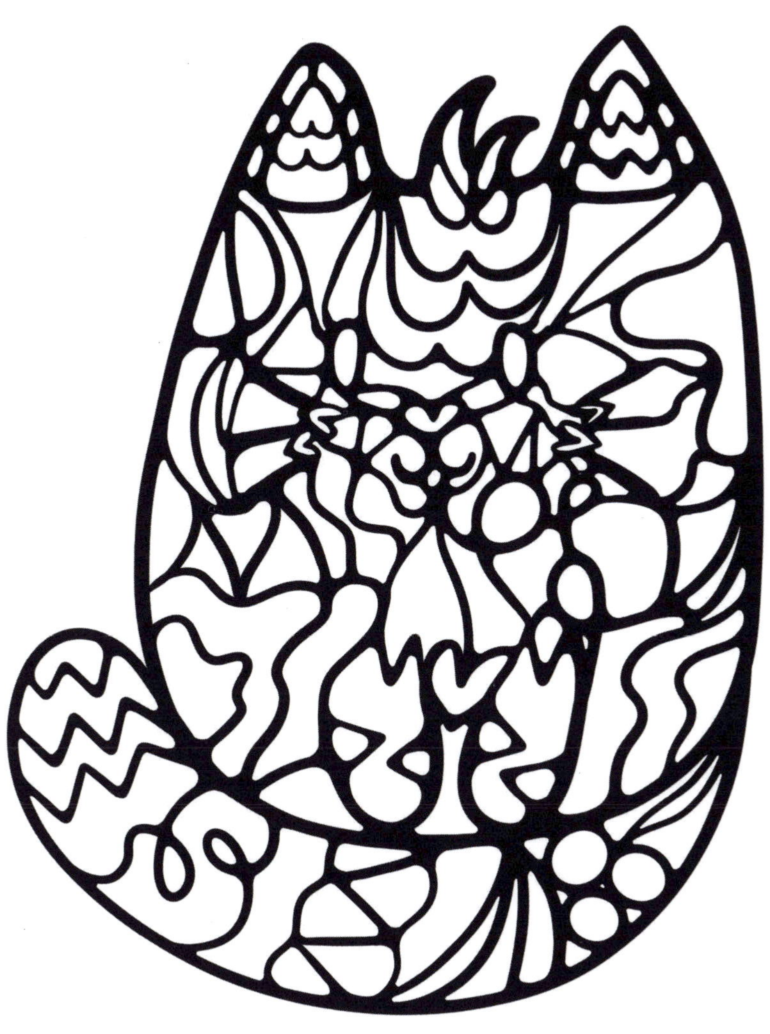

30-TAGE-CHALLENGE

Egal, ob du dich dazu motivieren willst, kreativ zu sein oder um deine alltäglichen Aufgaben anzugehen: Mit dieser Mal- und Zeichen-Challenge weißt du nicht nur jeden Tag, was du zeichnen sollst, sondern bekommst zusätzlich noch einen Motivationsboost, weil du schon eine Aufgabe geschafft hast.

30 Tage Challenge

SO GEHT'S:

MEINE ZEICHEN-CHALLENGE FÜR 30 TAGE

Tag 1: Zeichne einen Regenschirm
Tag 2: Zeichne etwas aus dem Badezimmer
Tag 3: Zeichne das Weltall
Tag 4: Zeichne eine Banane oder einen Apfel
Tag 5: Zeichne den Sonnenaufgang
Tag 6: Zeichne einen Gartenzwerg
Tag 7: Zeichne etwas in Schwarzweiß
Tag 8: Zeichne unser Maskottchen Mimmi
Tag 9: Zeichne Muscheln
Tag 10: Zeichne etwas Gelbes
Tag 11: Zeichne ein gemütliches Bett
Tag 12: Zeichne das Meer
Tag 13: Zeichne einen Teddybären
Tag 14: Zeichne das Cover deines Lieblingsbuchs
Tag 15: Zeichne etwas, das glitzert
Tag 16: Zeichne einen Springbrunnen
Tag 17: Zeichne ein Heißgetränk
Tag 18: Zeichne eine Märchenfigur
Tag 19: Zeichne dein Lieblingsessen
Tag 20: Zeichne Feuer oder Eis
Tag 21: Zeichne etwas unter Wasser
Tag 22: Zeichne eine Meerjungfrau
Tag 23: Zeichne Augen
Tag 24: Zeichne etwas mit vier Füßen
Tag 25: Zeichne dein Lieblingslied als Bild
Tag 26: Zeichne Sterne
Tag 27: Zeichne etwas von Seite 90/91
Tag 28: Zeichne einen Blick aus dem Fenster
Tag 29: Zeichne ein Traumschloss
Tag 30: Zeichne etwas, wofür du dankbar bist

Die Challenge kannst du jeden Monat wiederholen. Zeichne immer ins gleiche Notizbuch und schau zu, wie du besser wirst.

BUCHSTABEN-CHALLENGE

Hat dir die 30-Tage-Challenge Spaß gemacht? Hier ist eine weitere, einfache Möglichkeit, wie du dich selbst immer wieder von Neuem herausfordern kannst. Nimm einfach deinen Namen, den Namen deiner besten Freundin oder von deinem Crush. Nun zeichnest oder malst du für jeden Buchstaben etwas, das zu der Person passt.

Jetzt bist du dran!

Leg hier direkt mal mit deinem Namen los:

Hmm, also bei mir wäre das ja zum Beispiel Maus, Instrument, Milch, Marker und Igel.

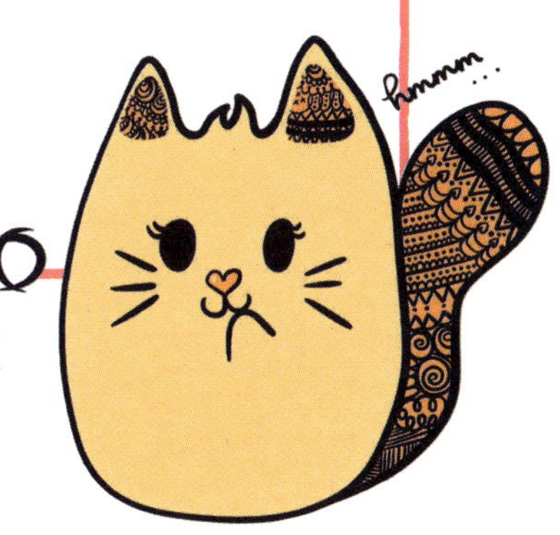

SCHATTENZEICHNEN

Mal die Perspektive zu wechseln kann dir richtig viel neue Motivation für deine Aufgaben geben. Schnapp dir dafür deinen Lieblingsgegenstand und ein Blatt Papier und geh raus in die Sonne. Bei schlechtem Wetter knipst du einfach deine Schreibtischlampe an.

SO GEHT'S:

1 Platziere deinen Gegenstand jetzt so zwischen Lichtquelle und Papier, dass du den Schatten auf dem Papier siehst. Jetzt hast du eine ganz natürliche Vorlage und kannst den Schatten abpausen.

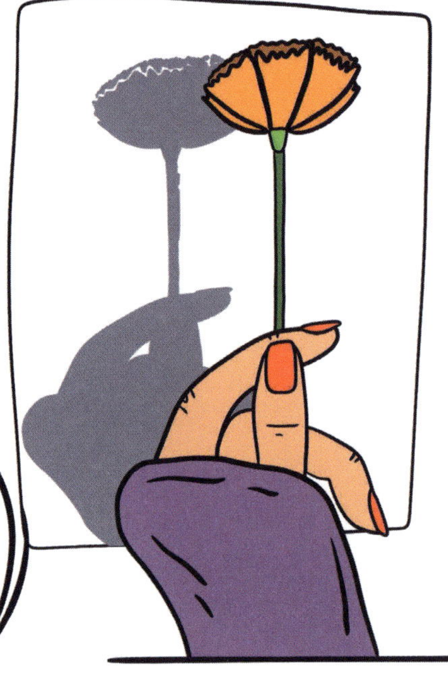

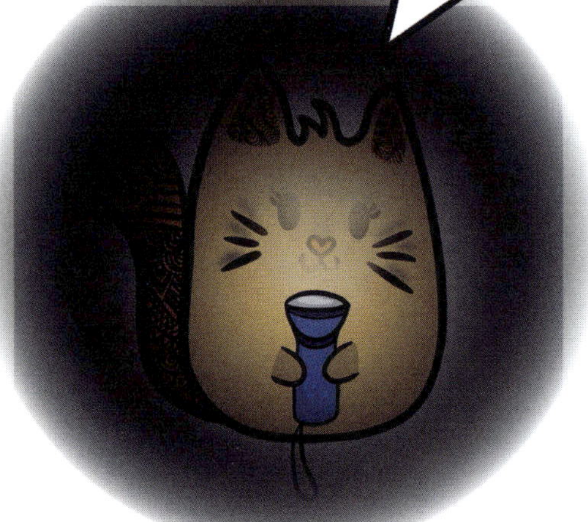

2 Probiere mal aus, wie sich der Schatten verändert, wenn du entweder den Gegenstand oder das Licht bewegst. Plötzlich sieht es vielleicht nach etwas ganz anderem aus. Schaffst du es, in den Schatten eines Gegenstands vier verschiedene, andere Motive zu erkennen? Auf der rechten Seite ist Platz dafür.

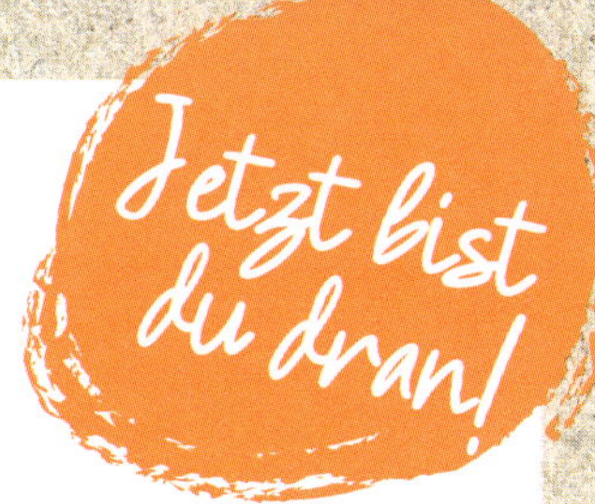

Platz für deine Schatten-Zeichnungen!

MOTIVIERENDE
SPRÜCHE

Kleine Zitate im Alltag können uns ganz schön motivieren. Damit sie dich in deinem Leben begleiten können, habe ich dir hier einige meiner Lieblingssprüche aufgezeichnet. Versuche sie nachzuzeichnen und steck sie zum Beispiel in deinen Geldbeutel. So siehst du sie regelmäßig und kannst dich mit ihrer Hilfe motivieren.

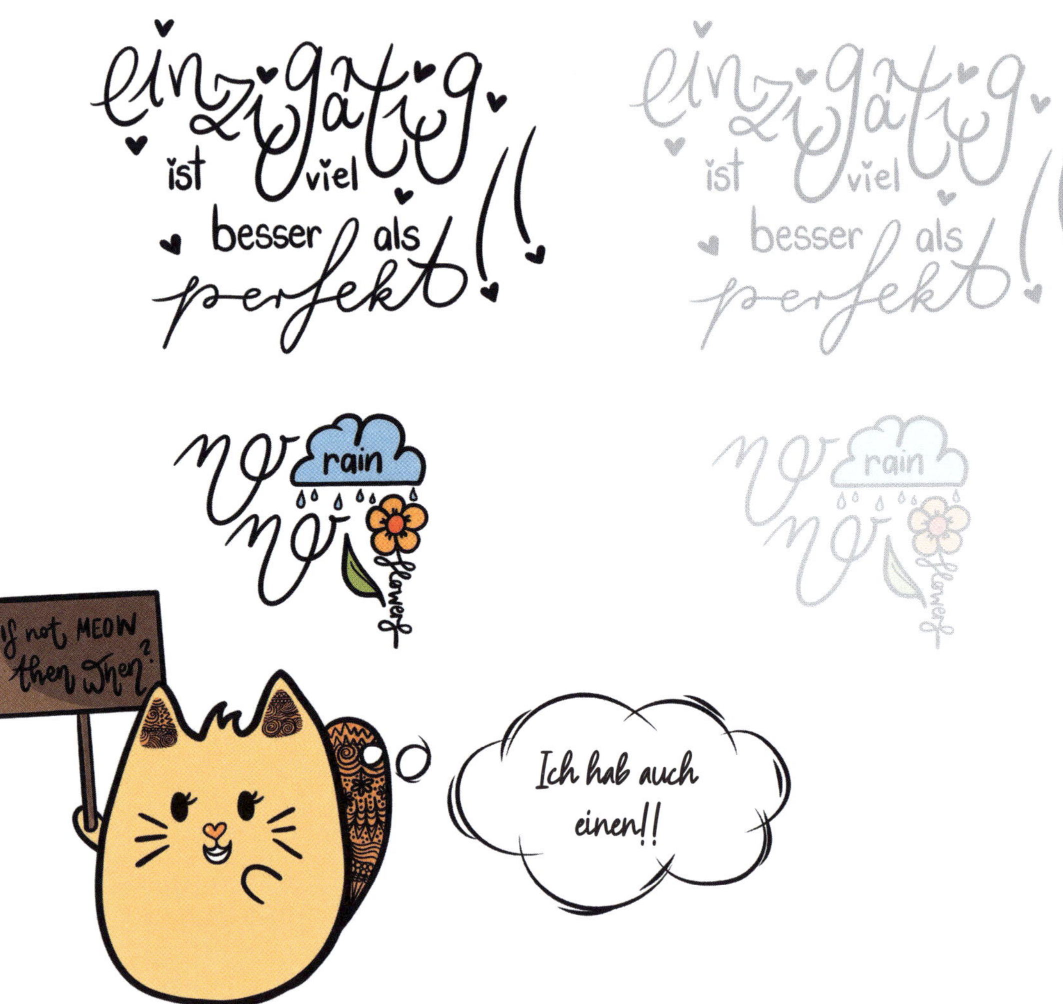

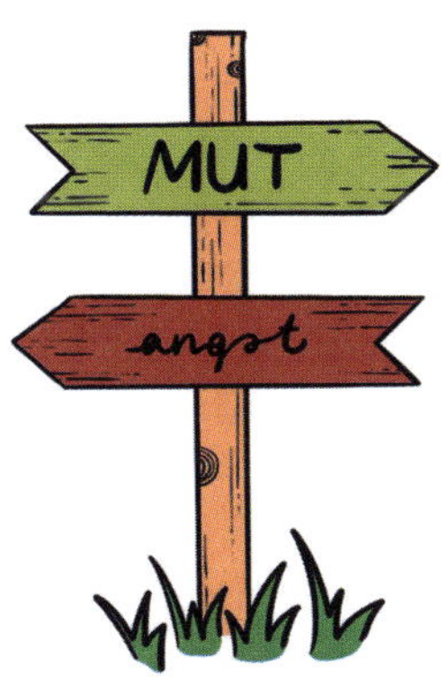
MUT
angst

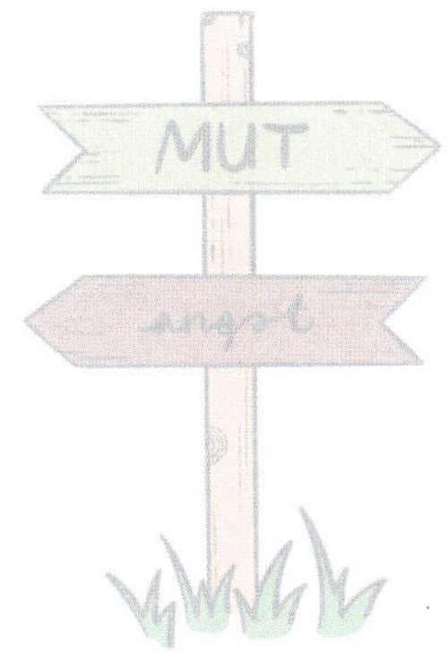
MUT
angst

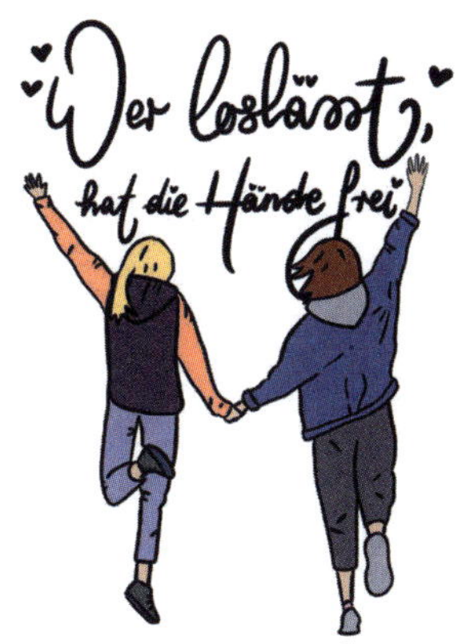
Wer loslässt,
hat die Hände frei

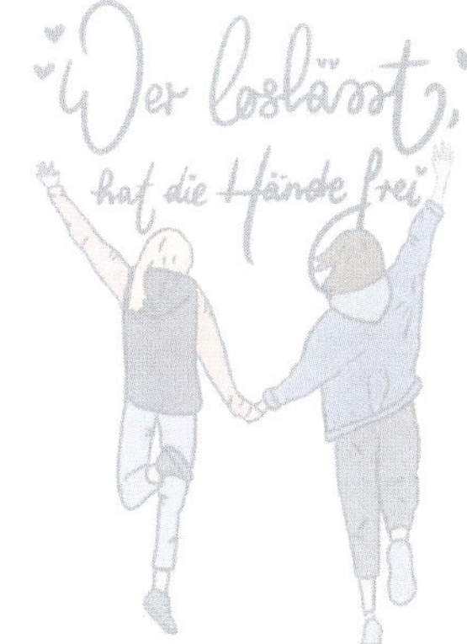
Wer loslässt,
hat die Hände frei

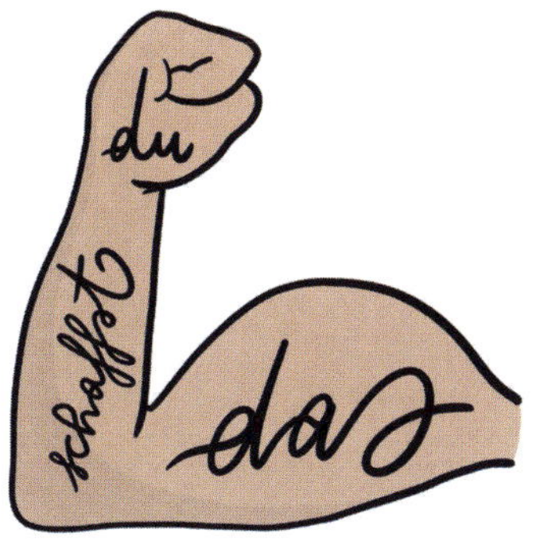
du
schaffst
das

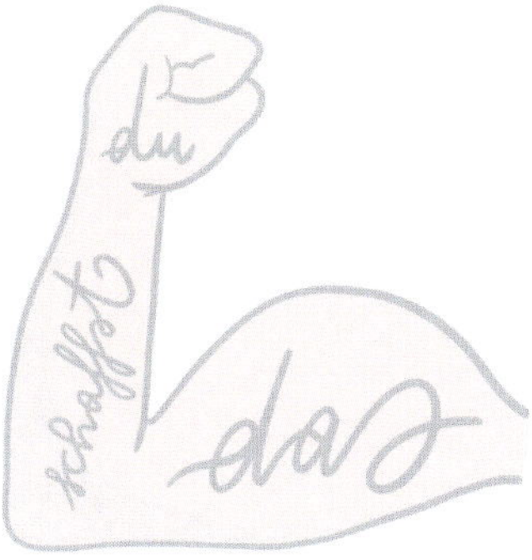
du
schaffst
das

WELT AUS, GEDANKEN AN

Manchmal besteht das Problem gar nicht darin, dass wir nicht motiviert sind, sondern in unserer Umwelt, die ständig unsere Aufmerksamkeit einfordert. Vor dem Fenster mäht der Nachbar den Rasen, unser Handy vibriert im Minutentakt und in der Ecke steht die Kiste, die wir noch ausräumen wollten. So viele Dinge, die bewusst und unbewusst auf unser Gehirn einprasseln.

Zwei Übungen können dir dabei helfen, deine Gedanken zu ordnen und wieder zu Klarheit und Motivation für deine nächsten Aufgaben zu kommt.

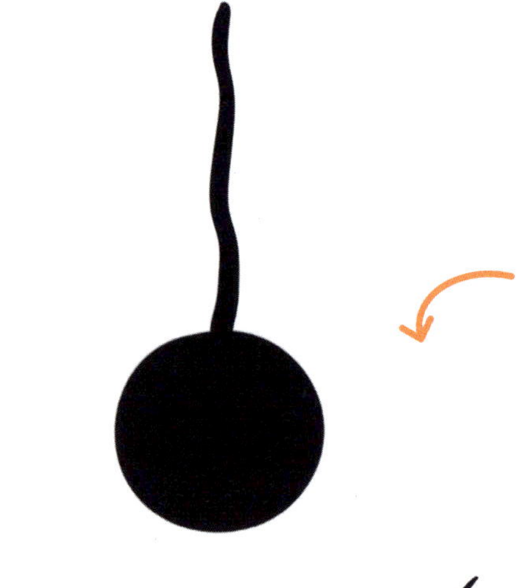

ÜBUNG 1: AUF DEN PUNKT KOMMEN

Diese Übung ist ganz simpel und dabei doch so effektiv. Schau einfach so lange auf diesen schwarzen Punkt, bis die Welt um dich herum ganz leise wird und du dich ganz auf das Strukturieren deiner Gedanken konzentrieren kannst. Leg dir Zettel und Stift bereit, damit du alles aufschreiben kannst, was dir in den Sinn kommt.

ÜBUNG 2: LASS ES FLIESSEN

Sehr gut helfen auch Zeichenübungen, bei denen du nicht nachdenken musst, was deine Hände tun. Leg dir auch hier einen Zettel daneben, damit du deine Gedanken während des Zeichnens sammeln kannst.

In dieser Übung werden fließende Formen aneinandergemalt. Zeichne zuerst die Umrisse der Form mit einer dickeren Linie und fülle sie von unten nach oben mit dünnen Linien.

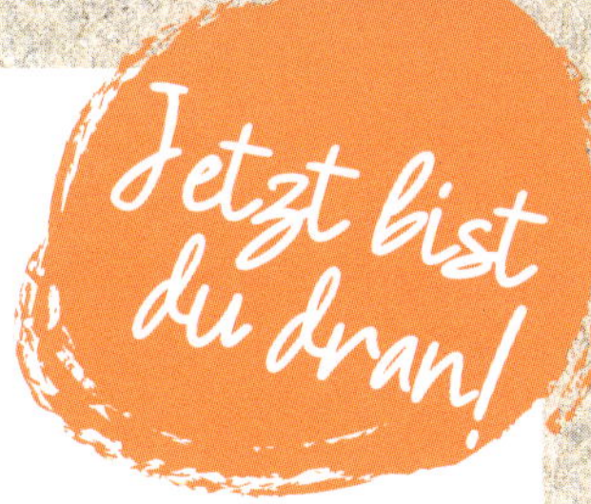

Hier kannst du direkt weitermachen:

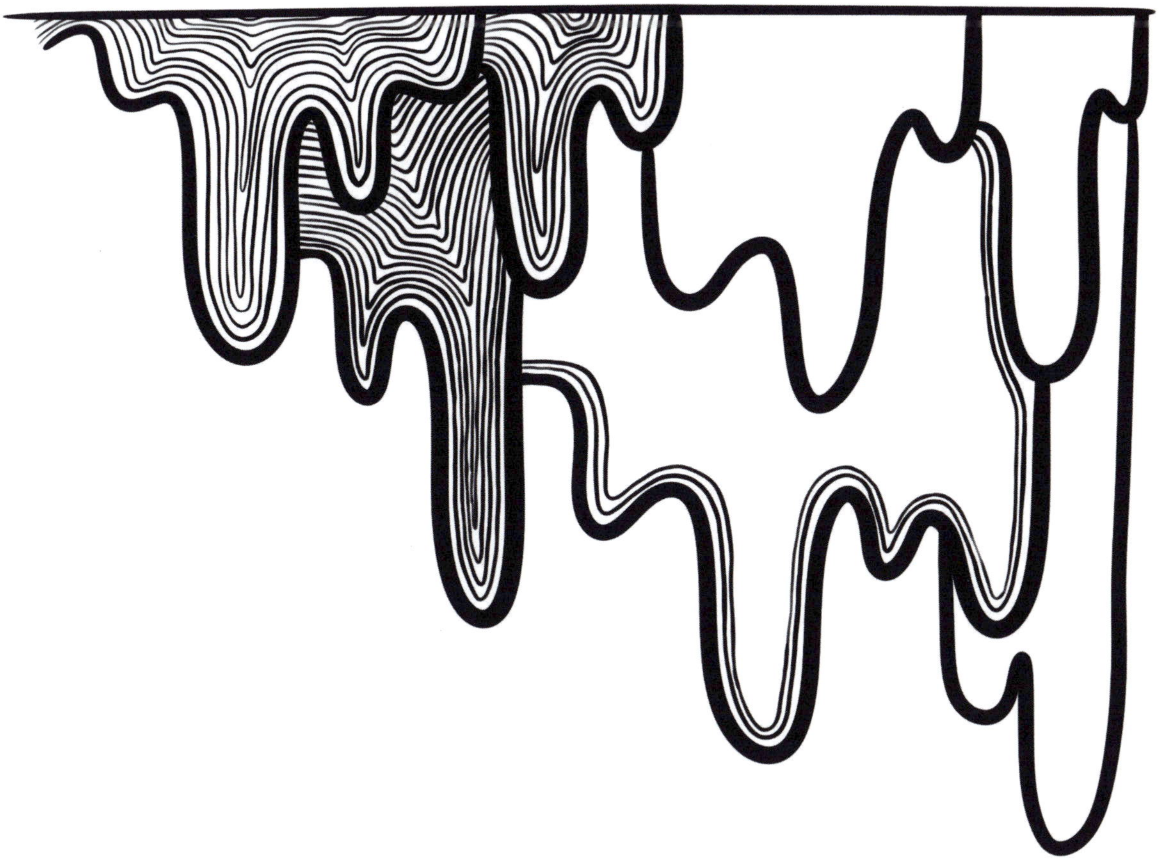

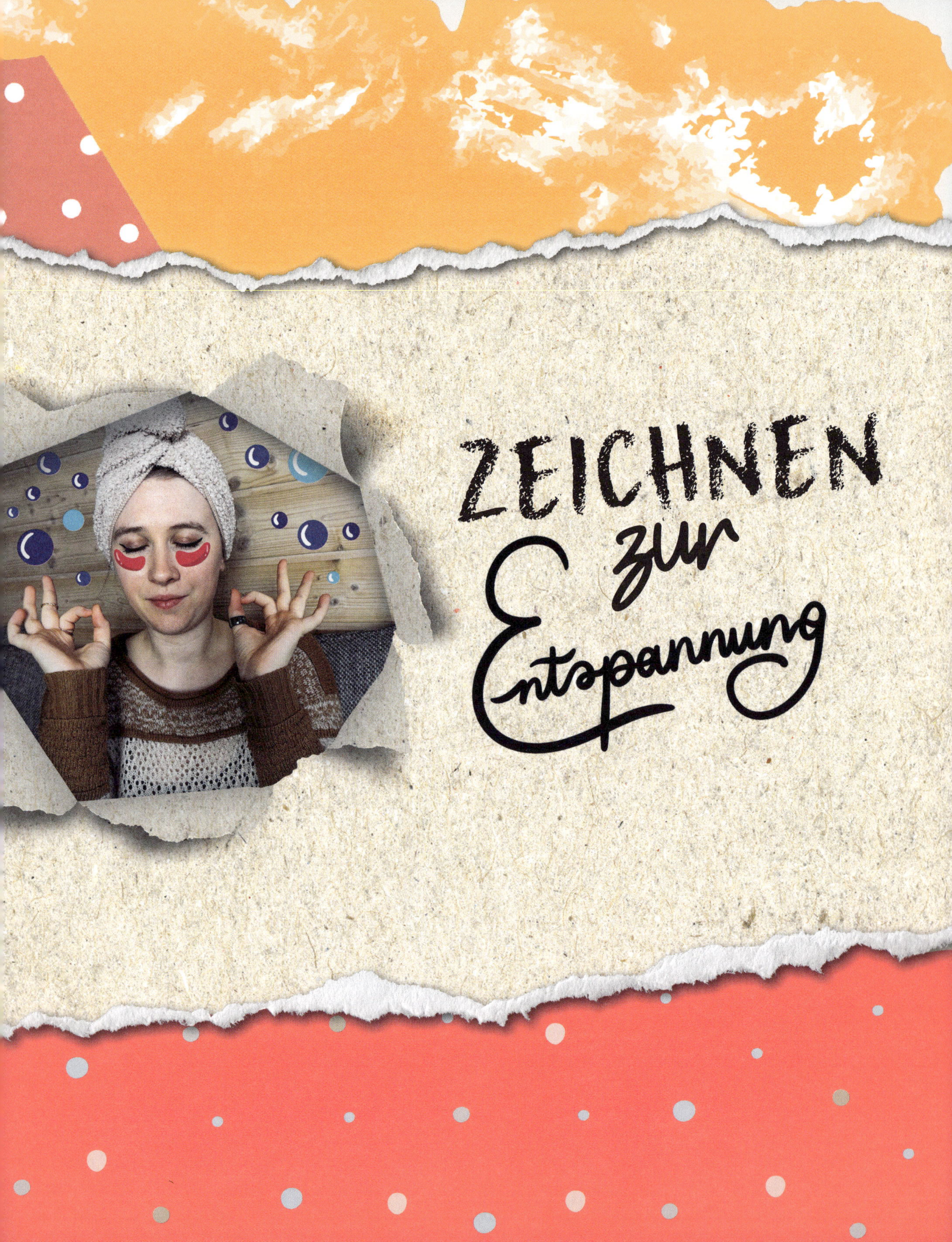
ZEICHNEN
zur
Entspannung

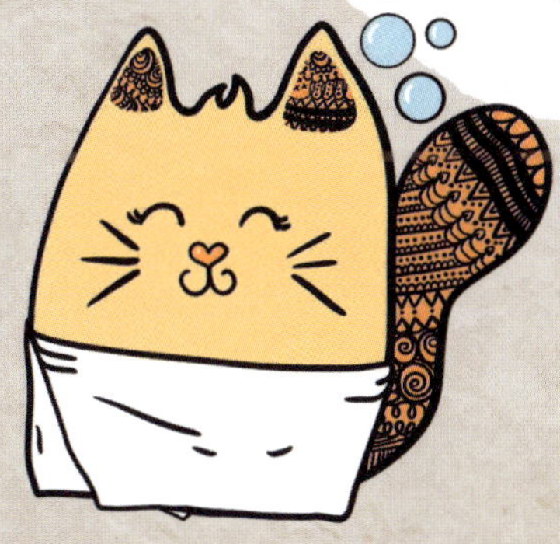

Die Gedanken kreisen in deinem Kopf und du kommst gerade einfach nicht zur Ruhe? Du hattest einen stressigen Tag und brauchst dringend etwas Erholung? Beim Zeichnen und Malen kannst du die perfekte Entspannung finden. Dabei konzentrierst du dich nur auf die Linien und Farben, mit denen du gerade arbeitest. Je öfter du diese Techniken anwendest, desto leichter fällt es dir, damit zu entspannen und den Stress einfach abzuschütteln.

FRUST LOSWERDEN

Die beste Methode, um den Kopf frei zu bekommen, ist, alles aufzuschreiben. Und mit dieser Übung macht es sogar so richtig Spaß, sich alles von der Seele zu schreiben.

SO GEHT'S:

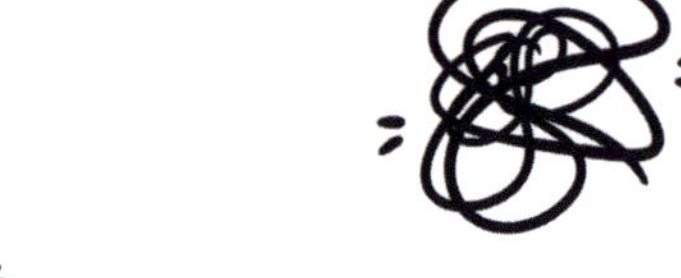

1 Zeichne einen Kreis – fürs erste Mal kannst du direkt diesen hier auf der Seite gegenüber verwenden.

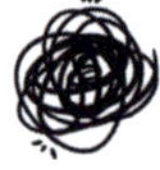

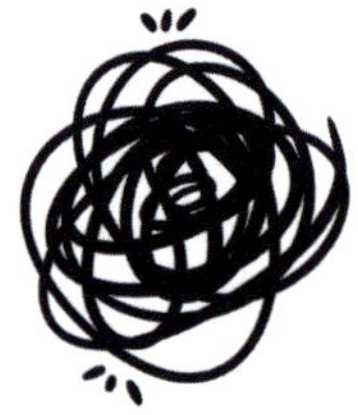

2 Schreibe jetzt in diesen Kreis alles rein, was dich gerade beschäftigt, belastet und deine Gedanken nicht zur Ruhe kommen lässt. Egal wie groß oder klein – ab damit in den Kreis. Am besten schreibst du mit Bleistift.

3 Jetzt kommt der spaßige Teil: Wenn du fertig bist, nimm einen Stift, der gut deckt, zum Beispiel einen schwarzen Marker oder Filzstift. Damit kritzelst und fährst du jetzt über die Wörter. Lass deinen ganzen Frust raus, bis nichts mehr zu sehen ist!

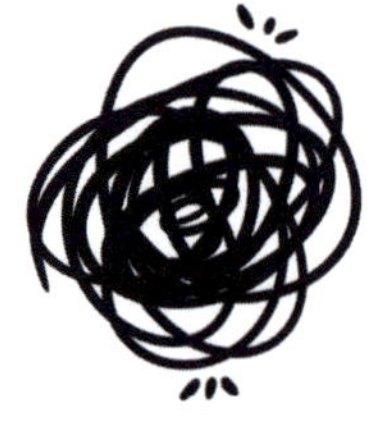

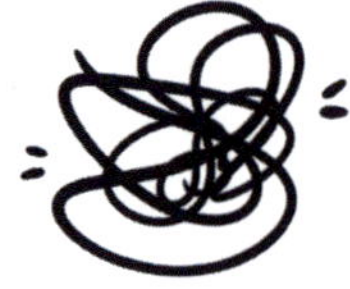

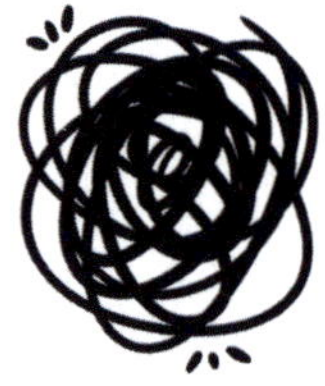

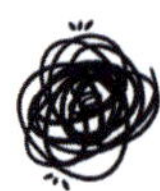

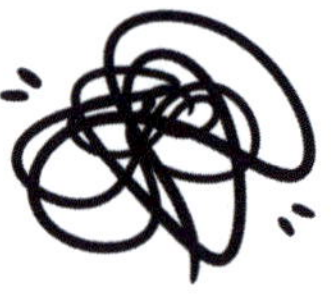

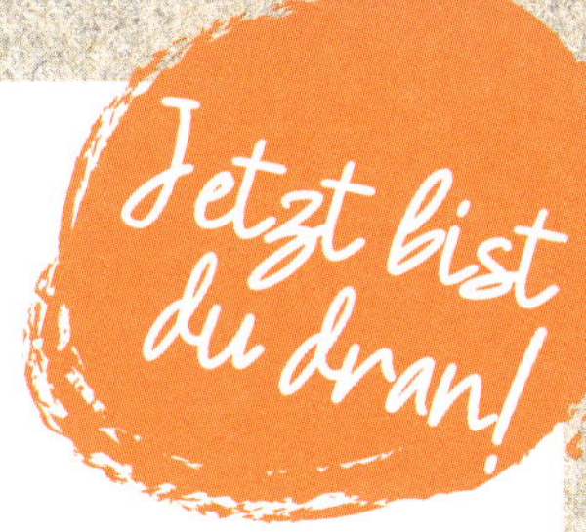

Na, fühlst du dich schon besser?

MANDALAS AUSMALEN

Auf den nächsten beiden Seiten ist Tiefenentspannung pur angesagt! Hol dir eine Tasse Tee, mach deine Lieblingsmusik an, lege schöne Stifte bereit und vertiefe dich in diese Mandalas.

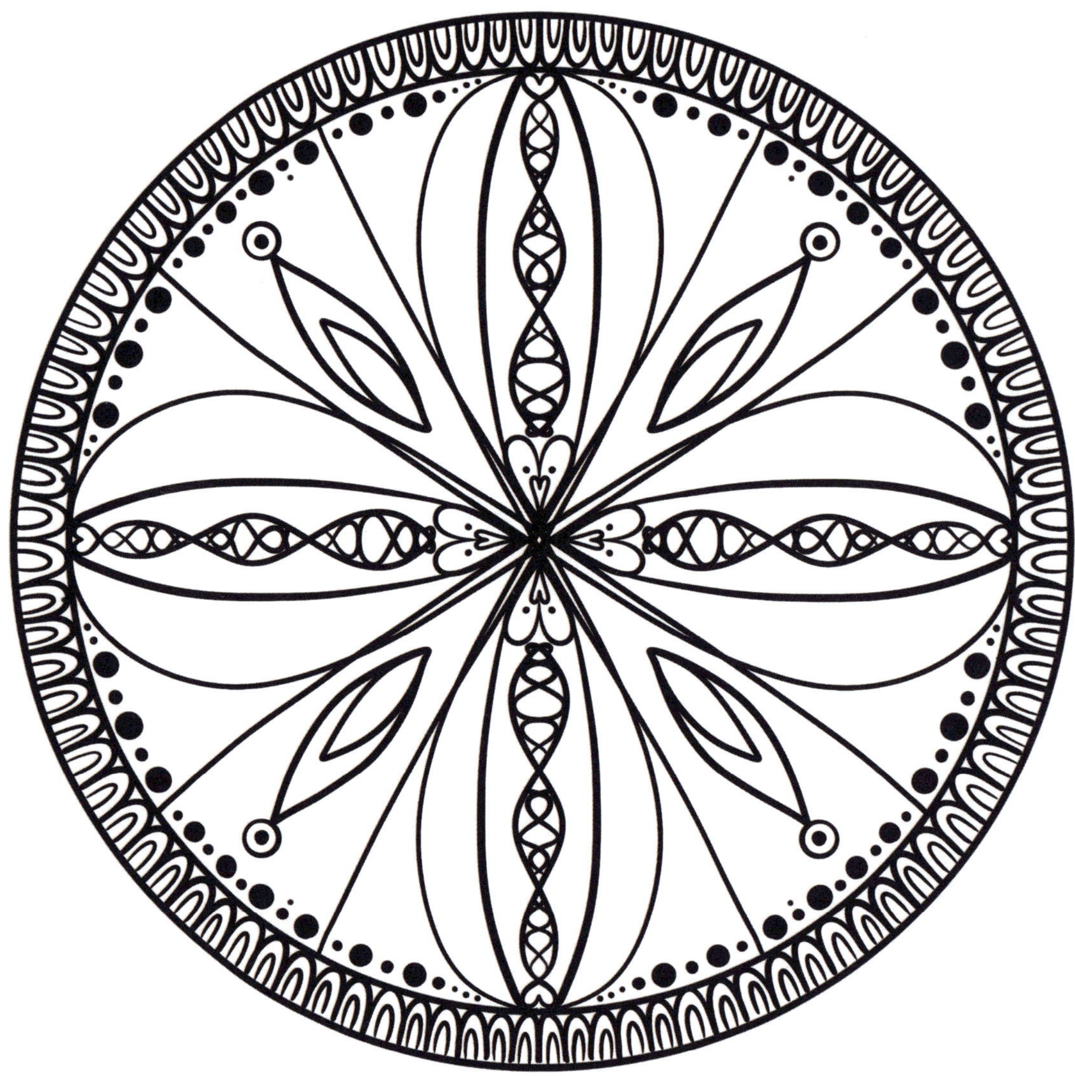

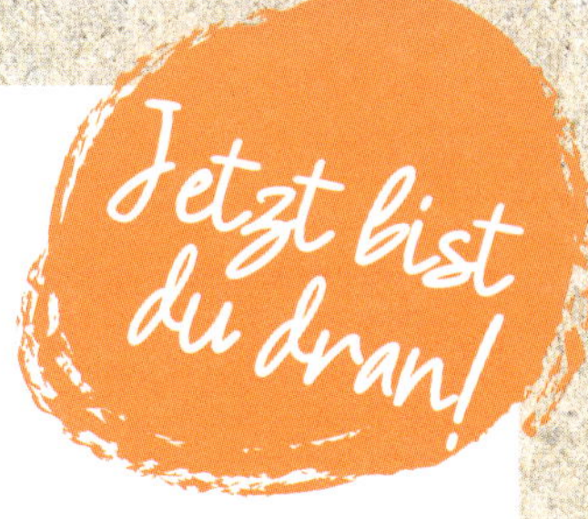
Jetzt bist du dran!

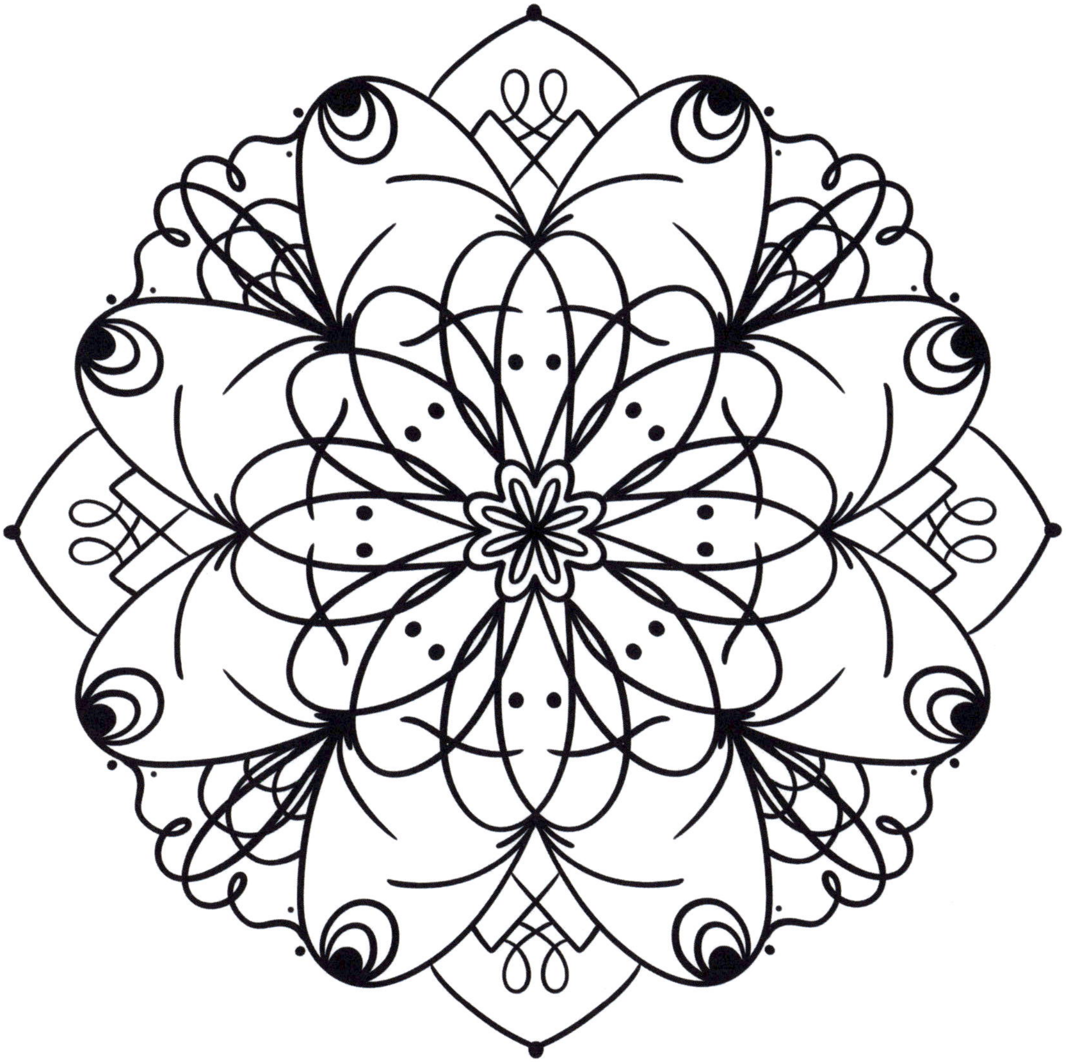

EIN- UND AUSATMEN

Vielleicht bist du schon mal mit Meditation in Berührung gekommen oder machst sogar regelmäßig Übungen. Ganz wichtig beim Meditieren ist die Konzentration auf den Atem. Regelmäßiges Ein- und Ausatmen wirkt sich sehr beruhigend auf den Körper aus.

Auch dabei kann dir eine Zeichenübung helfen – dafür musst du nicht mal aufs Papier schauen. Du kannst deine Augen also ganz entspannt schließen.

SO GEHT'S:

Du brauchst ein Stück Papier – ganz egal welche Farbe, Struktur oder Größe – und einen Stift.

Jetzt atmest du tief ein und malst dabei immer größer werdende Halbkreise, wie eine Wellenlinie. Wenn du magst, lass deine Augen dabei geschlossen. Am Ende sieht das ungefähr so aus:

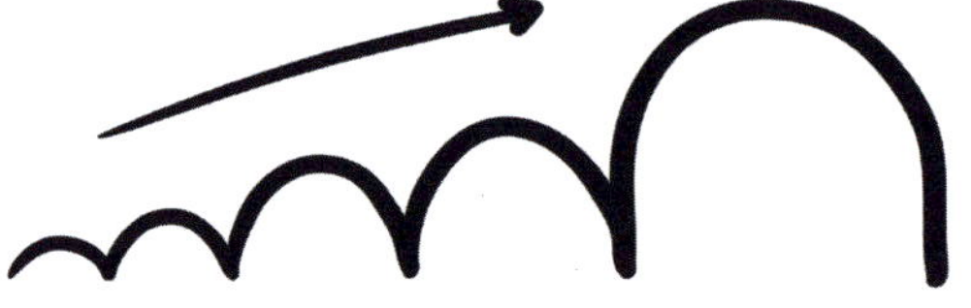

Beim Ausatmen malst du die Halbkreise in die andere Richtung, also von groß nach klein. Du kannst neu ansetzen oder die erste Linie zu Kreisen vervollständigen.

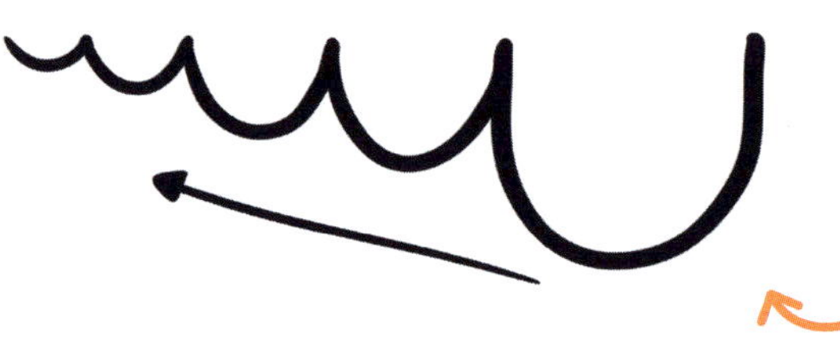

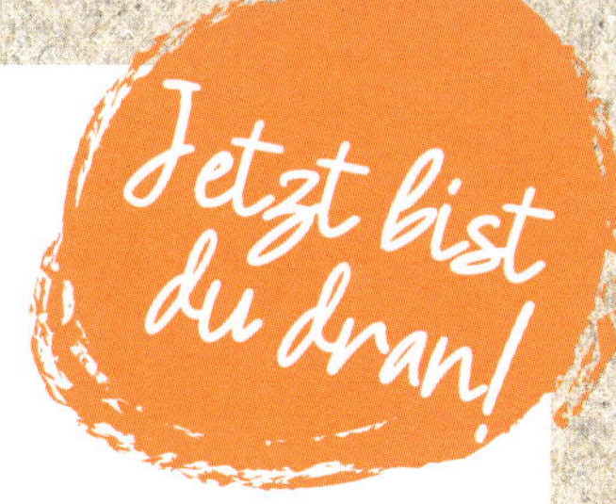

Hier ist Platz für deine Mediationszeichnungen. Du kannst immer wieder zu dieser Seite zurückkehren. Da es bei dieser Übung nicht auf das Endergebnis ankommt, kannst du die Wellen auch überlappen lassen und immer wieder neu darüberzeichnen.

WELLENRAUSCHEN

Wir bleiben beim Thema Wellen. Die nächste Zeichnung eignet sich perfekt dazu, deine Hände übers Papier fließen zu lassen. Dabei kannst du dich ganz in der Zeichnung verlieren, entspannen und den Stress abschütteln.

SO GEHT'S:

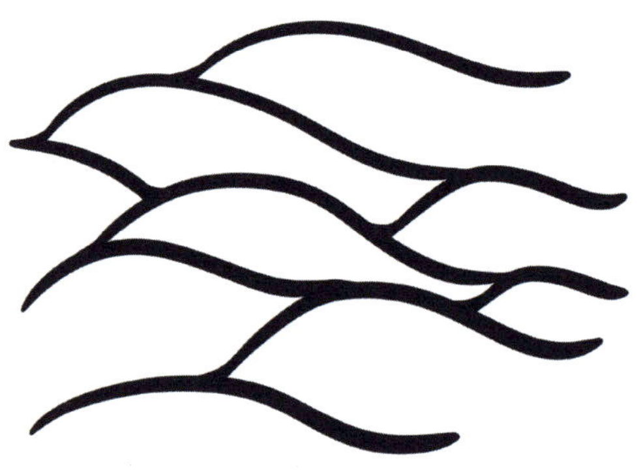

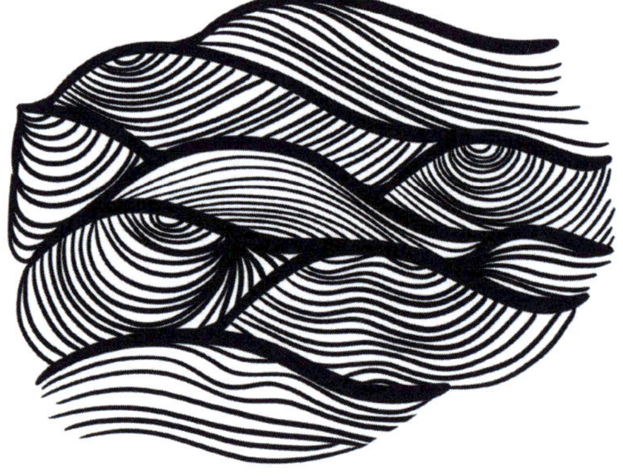

1 Beginne damit, dein Papier mit Wellenformen zu füllen. Das kann in etwa so aussehen wie hier oben.

2 Nun fügst du jeder Welle viele kleine Linien hinzu. Nimm dafür einen dünneren Stift, dann sieht das Ergebnis noch schöner aus.

Auf der folgenden Seite ist Platz für deine Wellenzeichnung. Wenn du das nächste Mal einen entspannenden Flow brauchst, schnapp dir das Buch und lass die Wellen übers Papier ziehen.

Jetzt bist du dran!

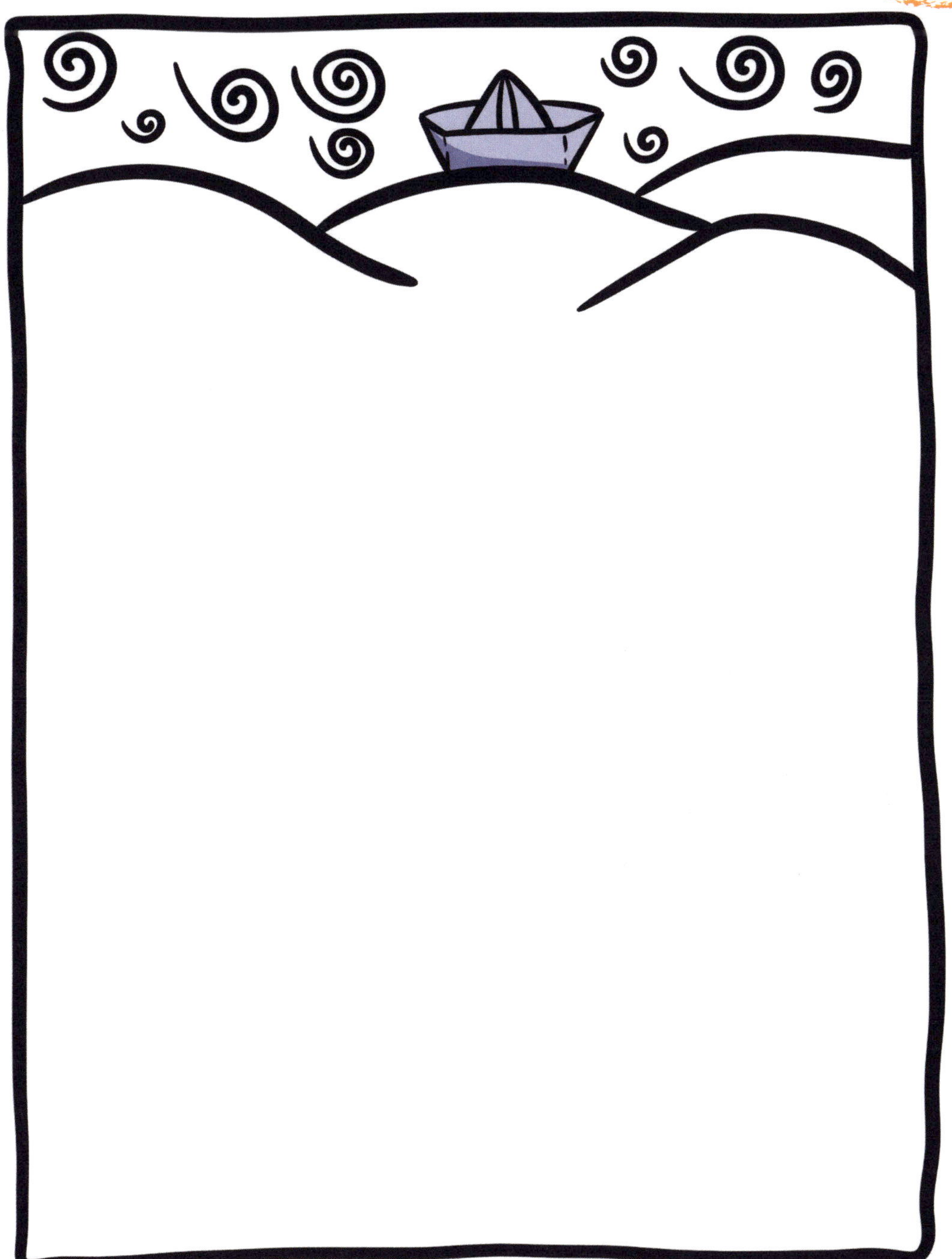

WILDE LINIEN

Diese Übung ist eine meiner Lieblingsübungen. Deswegen darf sie natürlich in diesem Buch nicht fehlen.

SO GEHT'S:

1 Fahre mit einem dicken, schwarzen Stift in geschwungenen Linien übers Papier. Die Linien sollen sich überkreuzen und dürfen wild durcheinandergehen. Die Abbildungen zeigen dir nur ein kleines Beispiel – am besten malst du über ein ganzes Blatt Papier.

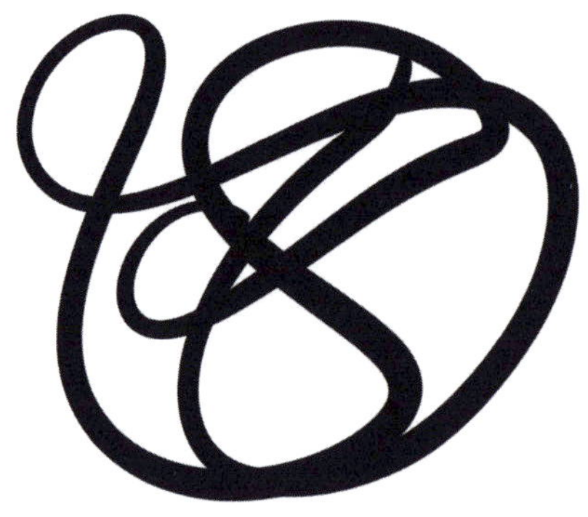

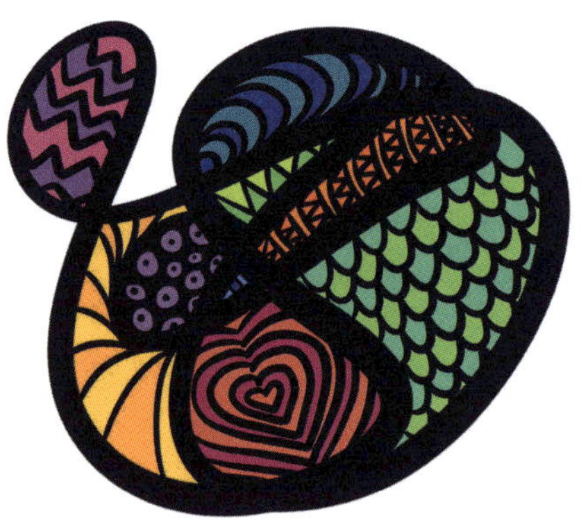

2 Nun sind ganz viele einzelne Felder in deiner Zeichnung entstanden. Fülle nun jedes davon mit einem anderen Muster und einer anderen Farbe.

Am Ende hast du ein tolles, buntes Bild und bist dazu auch noch wunderbar entspannt! Für das Muster der Felder kannst du ja mal einen Blick auf den Schwanz und die Ohren von Mimmi werfen. Da findest du Inspiration.

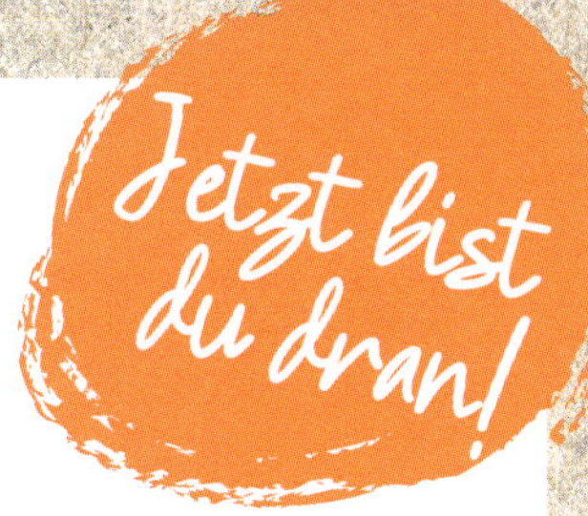

Hier ist Platz für deine erste Wilde-Linien-Zeichnung:

ZERKNÜLL MICH!

Bei dieser Idee lassen wir den Stress direkt am Papier aus. Zerknülle es, was das Zeug hält!

SO GEHT'S:

Für die Basisübung brauchst du nur Papier. Möchtest du noch einen Schritt weitergehen, benötigst du außerdem einen Stift und eventuell noch Bastelkleber.

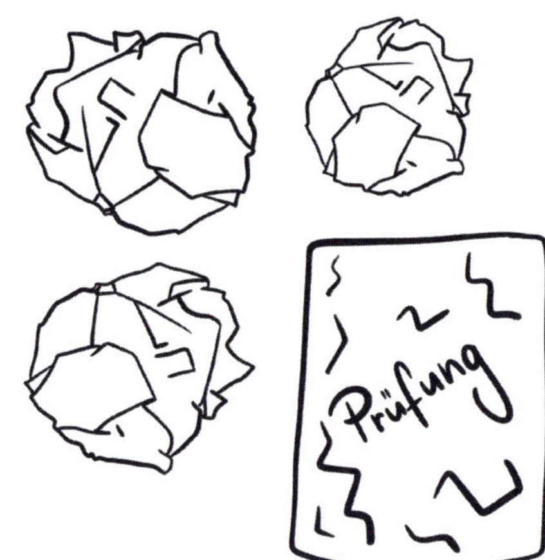

1 Fang ganz einfach an: Nimm Papier und reiße es in kleine Stücke. Die kleinen Stücke knüllst du zusammen. Es tut auch gut, sie mit ganz viel Energie in den Papierkorb zu werfen.

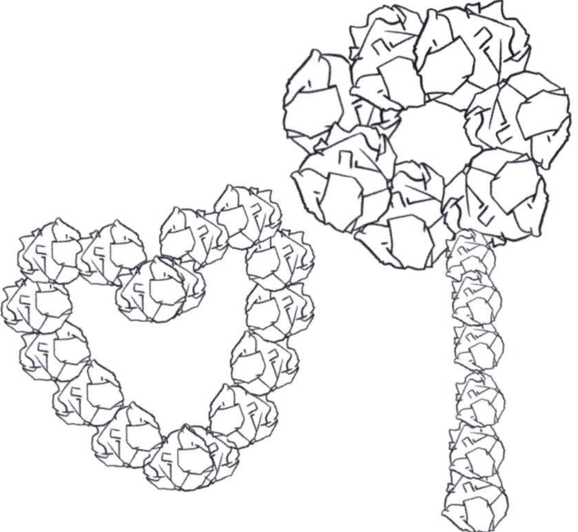

2 Du willst noch mehr? Dann schreibe auf die kleinen Papierstücke all die Dinge, die dich gerade besonders stressen, wütend oder traurig machen. Beim Zerknüllen hast du jetzt eine genaue Vorstellung davon, an was du deine Energie auslässt.

3 Jetzt hast du deinen Stress am Papier ausgelassen – aber wäre es nicht auch gut, etwas Neues, Schönes daraus zu erschaffen? Klebe die zerknüllten Papierstückchen auf ein neues, glattes Papier. Wenn du dafür nur weißes Papier nimmst, sieht das super ästhetisch aus. Du kannst abstrakt oder in einer Form kleben.

DANKBARKEITS-SONNE

Wenn wir uns gestresst fühlen, ist unser Kopf oft nur noch voll mit negativen Dingen. Eine gute Übung zur Entspannung ist die Dankbarkeits-Sonne. Sie hilft dir, alles wieder etwas positiver zu sehen.

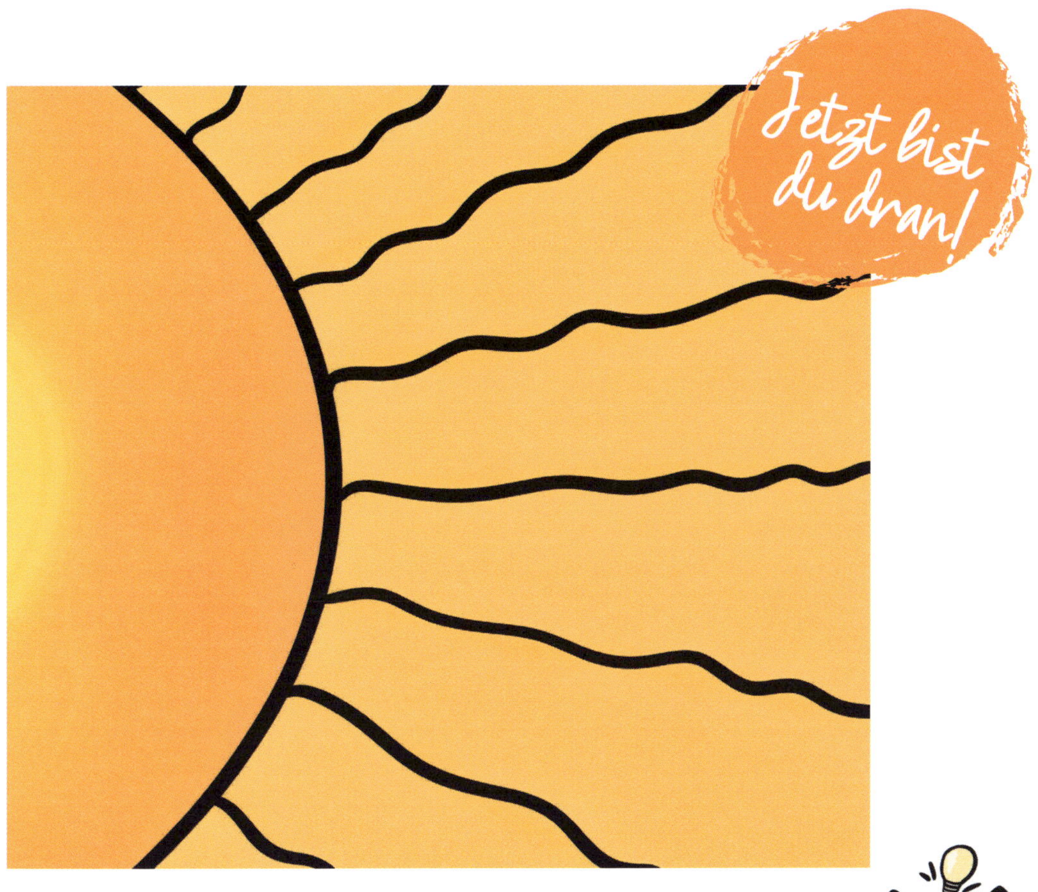

Zeichne dafür eine Sonne mit dicken Strahlen und schreibe in die Strahlen all die schönen Dinge in deinem Leben. Probiere es hier direkt mal aus.

Die Sonne eignet sich auch hervorragend als To-Do-Liste!

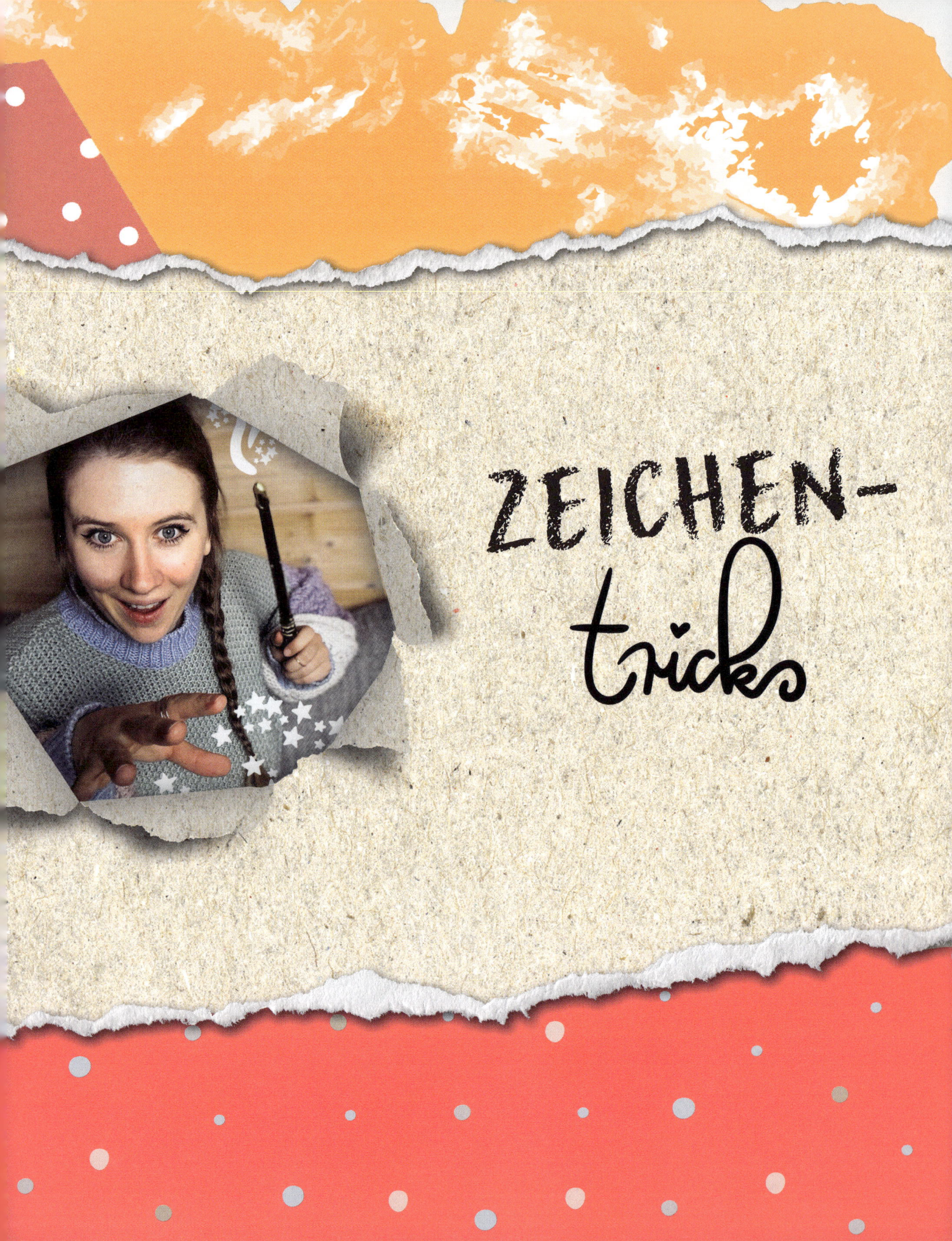
ZEICHEN-
tricks

Was dich in diesem Kapitel erwartet, sind tolle Zeichentricks, die du immer schnell mal aus dem Ärmel schütteln kannst, um deine Freund:innen zu überraschen oder um Briefe oder Geburtstagskarten zu verzieren. Das Einzige, was du dafür tun musst: Übe die Schritt-für-Schritt-Anleitung am besten, bis du sie auswendig kannst. Dann hast du in jedem Fall immer direkt eine Anleitung im Kopf.

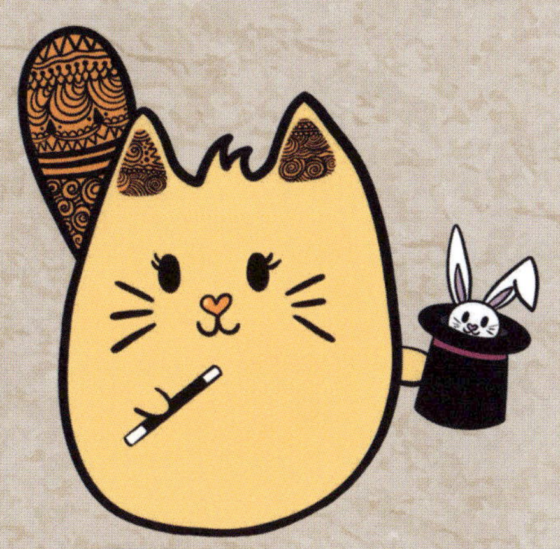

DIE PERFEKTE ROSE –
SCHRITT FÜR SCHRITT

Was passt besser zu einer Rose, als sie aus zwei Herzen zu zeichnen? Das kannst du dir super merken und hast damit direkt im Kopf, wie du mit dem Zeichnen startest. Noch ein paar weitere Linien dazu und schon entsteht im Handumdrehen eine hübsche Rose.

SO GEHT'S:

1

2

3

4

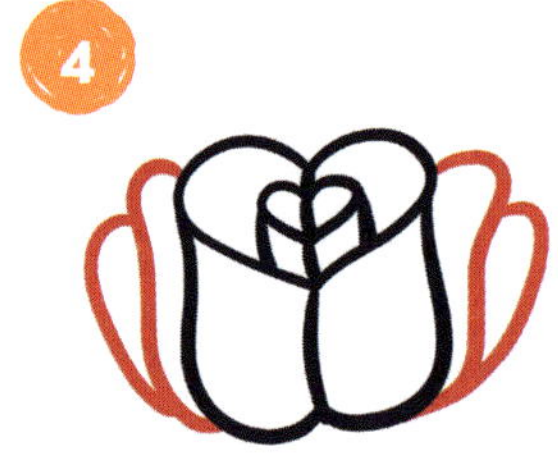

5

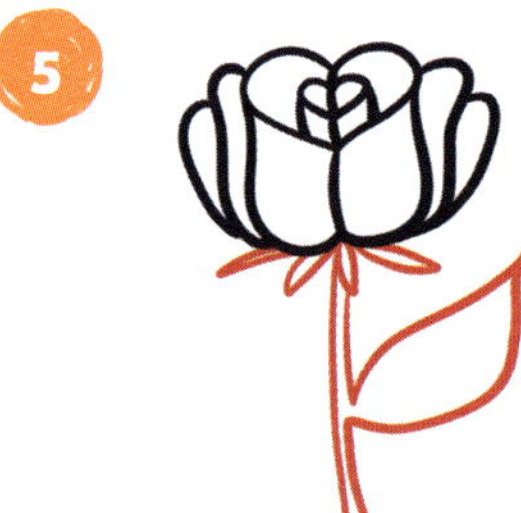

6

Probiere es gleich mal aus! Zeichne die Rose sechsmal hintereinander in die Kästchen. Siehst du einen Unterschied, wenn du Rose 1 mit Rose 6 vergleichst?

Wenn du Schwünge, Striche und Proportionen immer wieder wiederholst, wirst du ganz automatisch besser!

Jetzt bist du dran!

Auch durch Abpausen lernst du, wie du den Stift führen musst. Nimm zum Abpausen dünnes Papier oder schau mal in die Küche – mit Backpapier klappt das super!

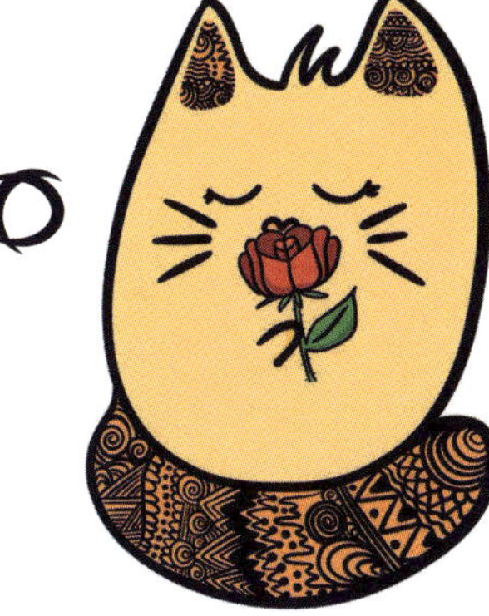

LIEBLINGSTIERE

VON 1 BIS 9

Wie du vielleicht schon ahnst, und spätestens an unserer süßen Mimmi erkennen kannst, sind Katzen meine absoluten Lieblingstiere (miau!) Wusstest du schon, dass Zahlen eine perfekte Vorlage für das Zeichnen von Tieren sein können? Ist dein Lieblingstier dabei?

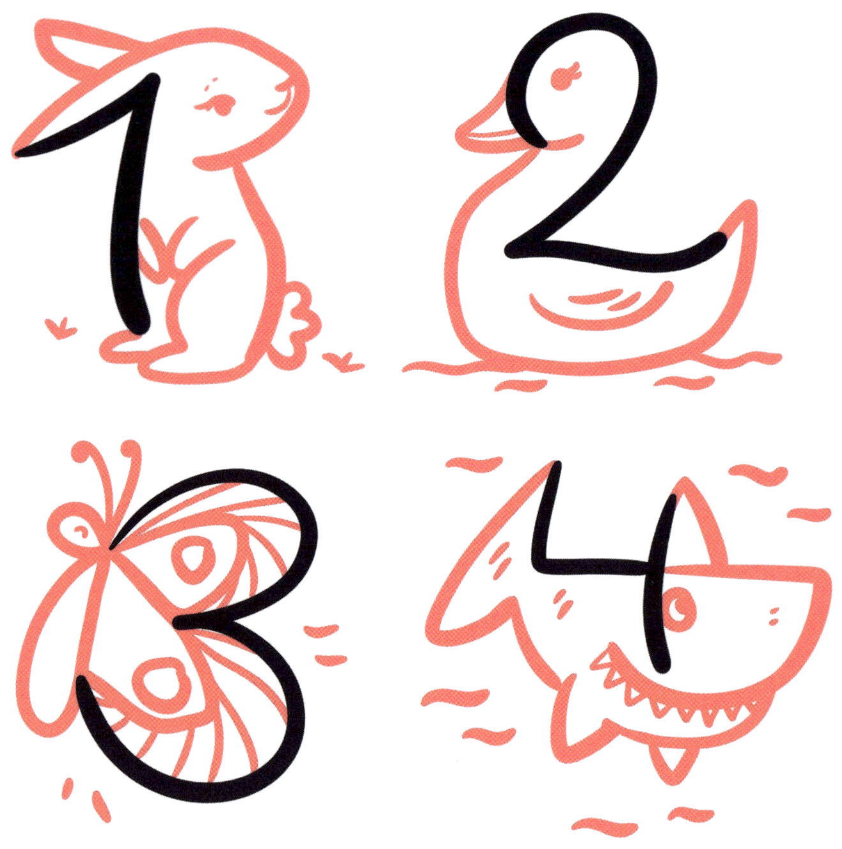

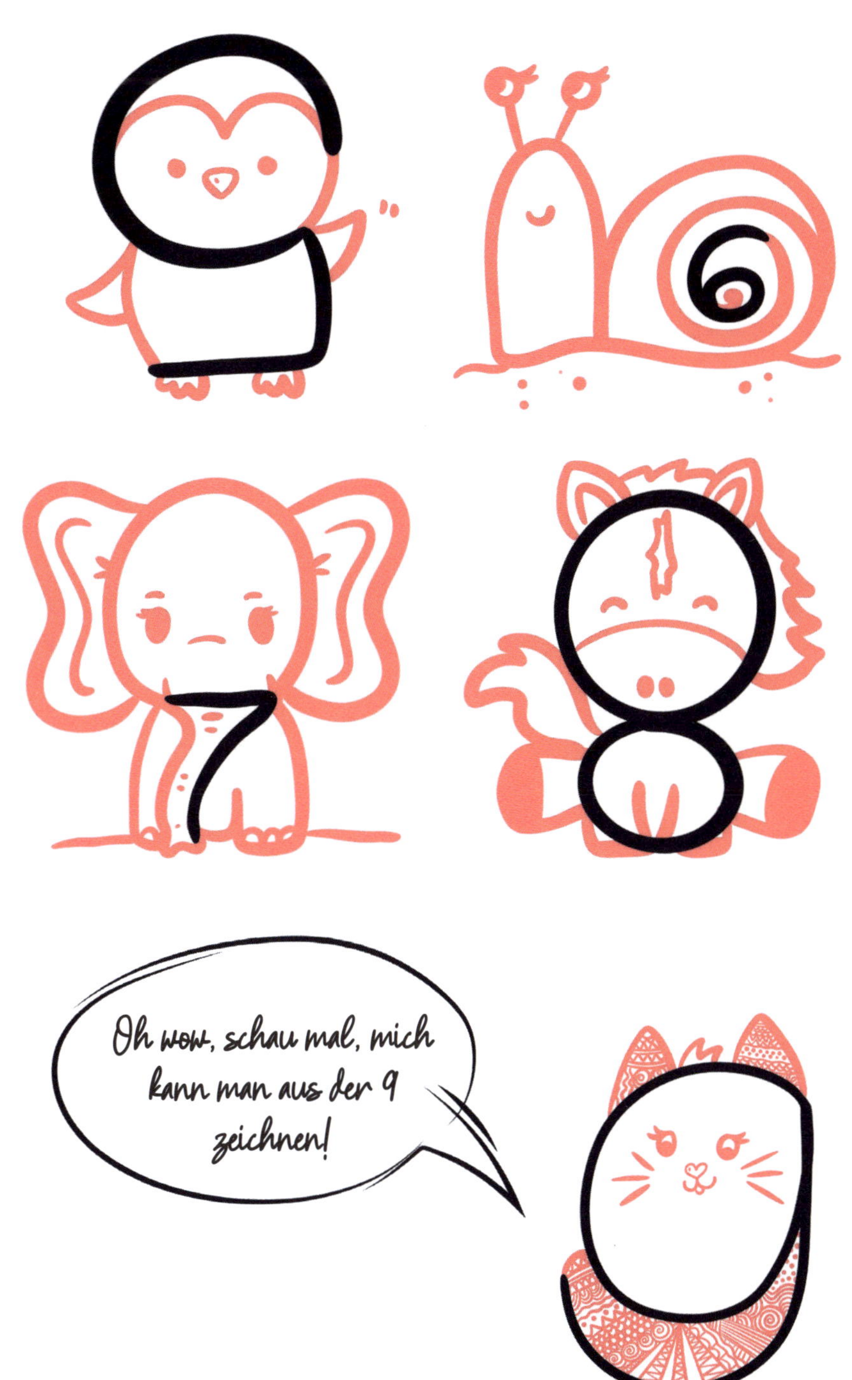
Oh wow, schau mal, mich kann man aus der 9 zeichnen!

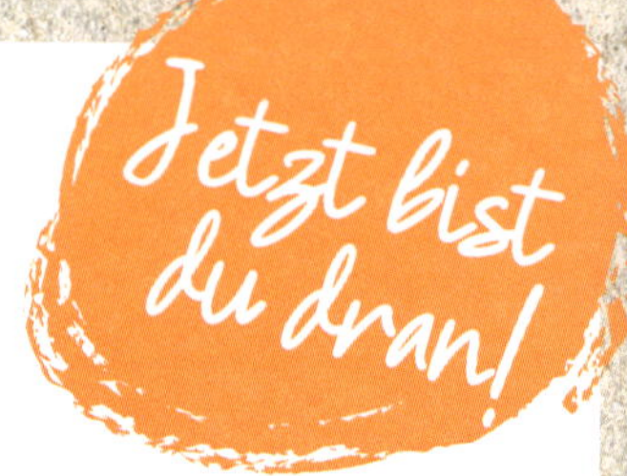

Hier kannst du üben, die Zahlentiere zu zeichnen.

Hier ist Platz für weitere Zahlentiere:

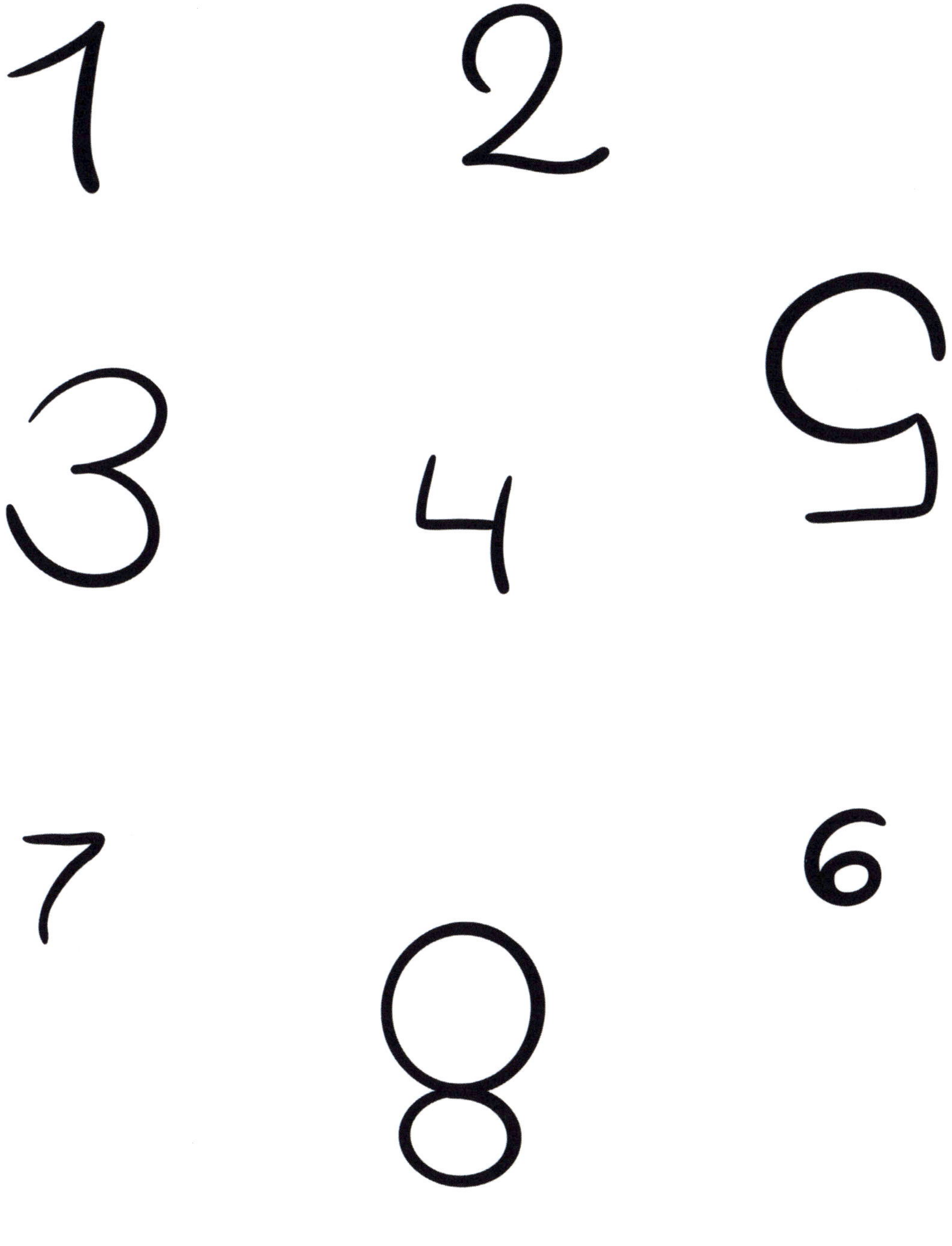

DIE PERSPEKTIVE MACHT'S

Mit dieser Zeichnung machst du bei deinen Freund:innen mächtig Eindruck – sie werden fast ins Papier fallen! Das Zauberwort heißt hier Fluchtpunkt: In ihm treffen sich alle Linien der perspektivischen Zeichnung. Und schon hast du deinem Papier einen tollen 3D-Effekt verpasst.

SO GEHT'S:

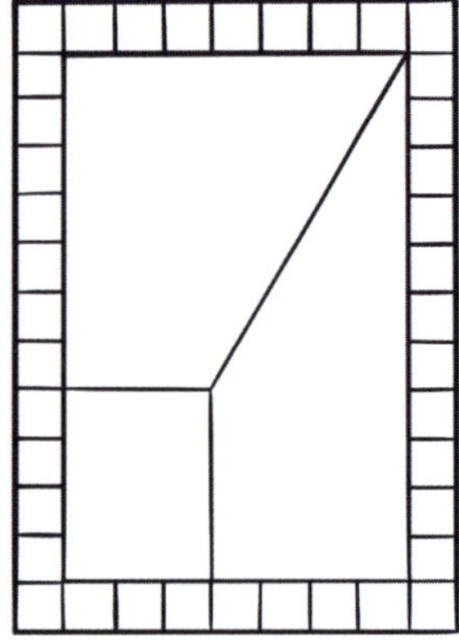

1 Lege zuerst die Vorzeichnung mit den Kästchen am Rand und den Strichen für die Seitenwände an.

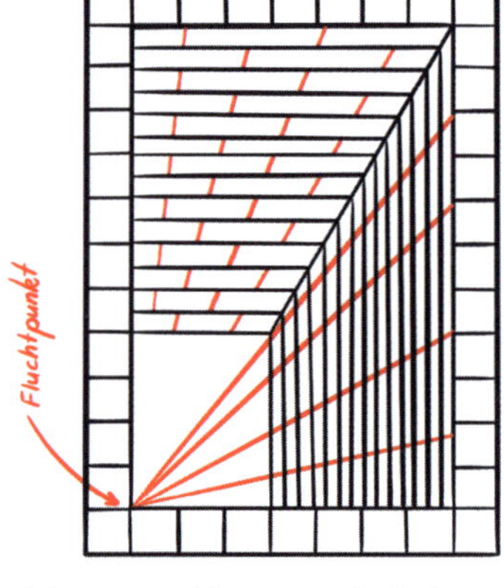

2 Zeichne vom Fluchtpunkt links unten strahlenförmige Linien und unterteile die Wand so in einzelne Steine. Überflüssige Striche radierst du weg.

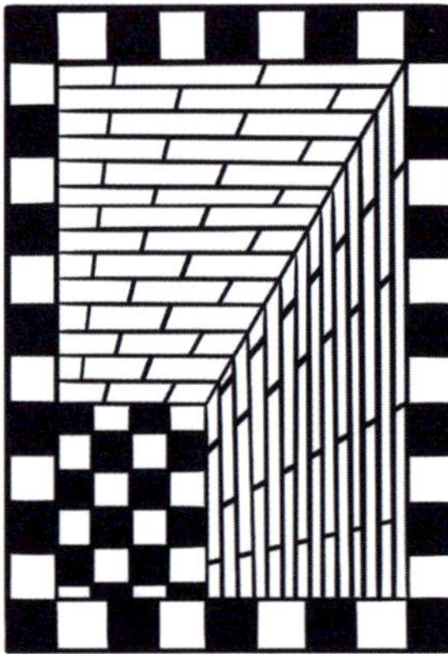

3 Male nun die Quadrate des Bodens und am Rand der Zeichnung abwechselnd aus.

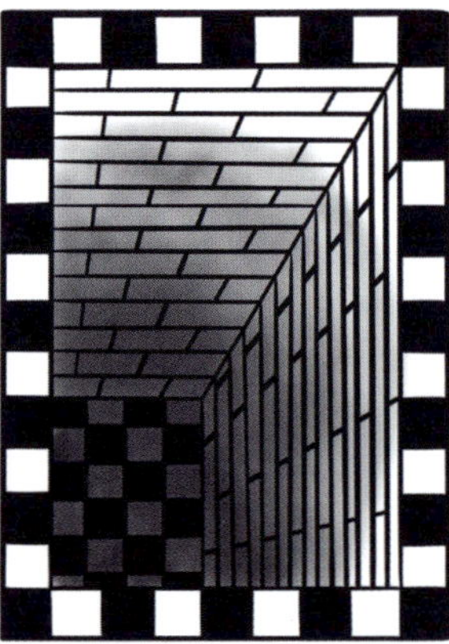

4 Verstärke durch eine Schattierung mit Bleistift den 3D-Effekt.

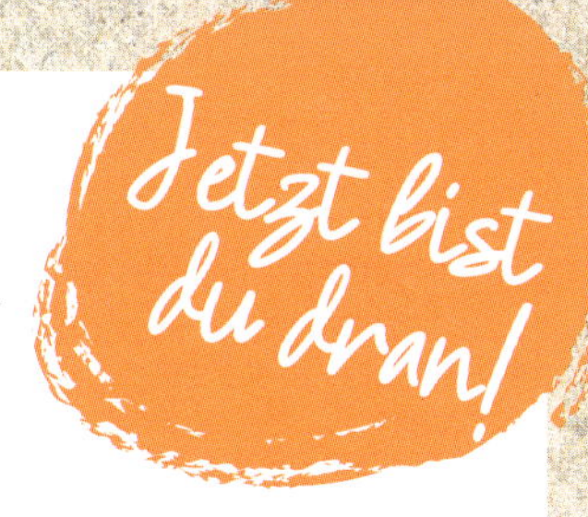

Mit ein bisschen Übung kannst du bald jedem Blatt Papier eine solche Tiefe verleihen und deine Mitmenschen zum Staunen bringen. Ich habe dir fürs erste Mal die Grundstruktur noch einmal groß aufgemalt – den Rest kannst du hier einzeichnen.

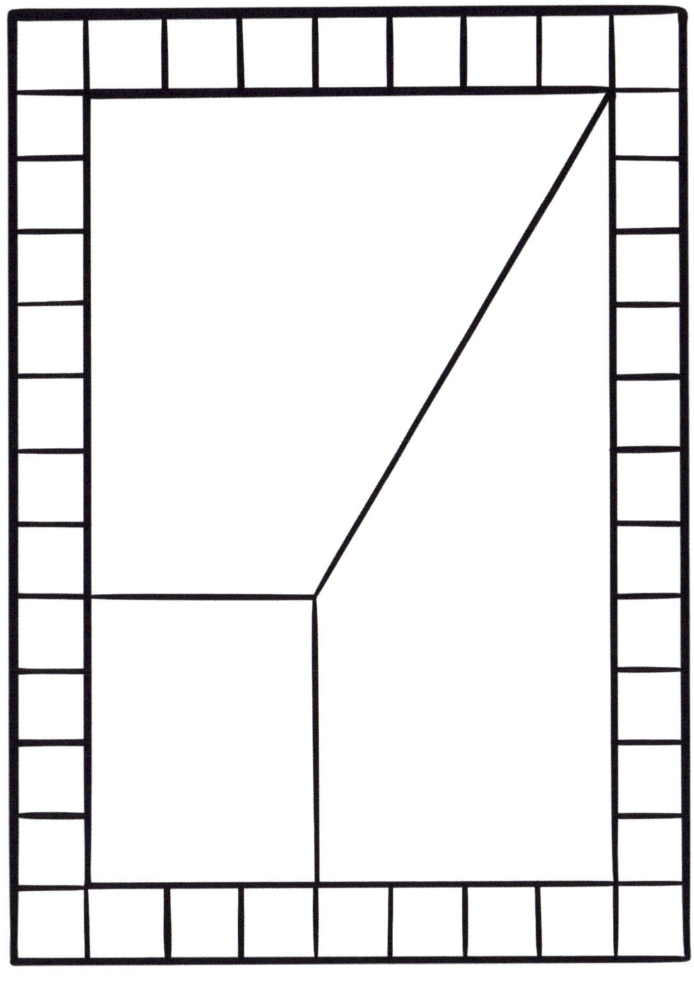

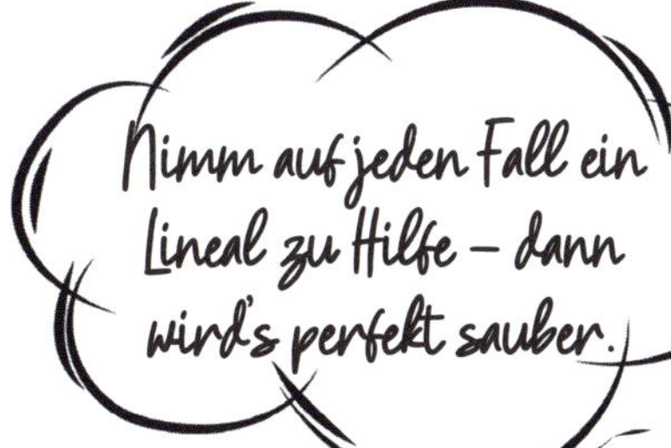

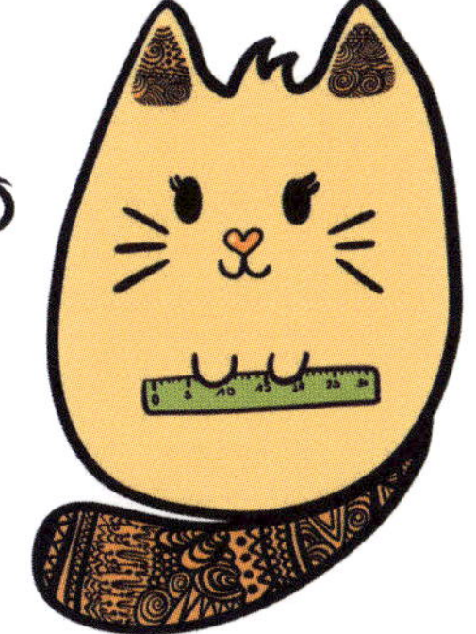

BUCHSTABEN FLIEGEN LASSEN

Auch beim nächsten Zeichentrick kannst du ganz einfach mit der Perspektive spielen und auf diese Weise einen tollen Effekt erzielen.

DU BRAUCHST:

Bleistift • schwarzen Filzstift • Radiergummi • Wattestäbchen

SO GEHT'S:

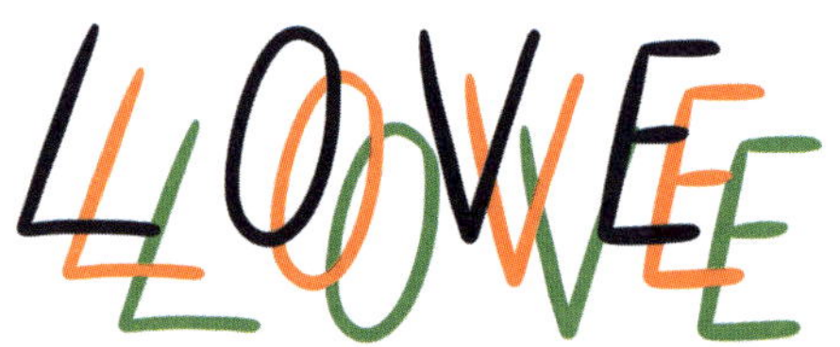

1 Überlege dir ein Wort, das du gestalten möchtest. Schreibe dann jeden Buchstaben dreimal mit Bleistift leicht versetzt übereinander. Damit du es besser erkennen kannst, habe ich hier im Beispiel statt Bleistift drei verschiedene Farben verwendet.

2 Zeichne die obersten Buchstaben mit Filzstift nach. Anschließend verbindest du sie mit den Buchstaben auf der mittleren Linie, sodass 3D-Buchstaben entstehen.

3 Radiere überflüssige Linien weg und schraffiere die Buchstaben mit deinem Bleistift.

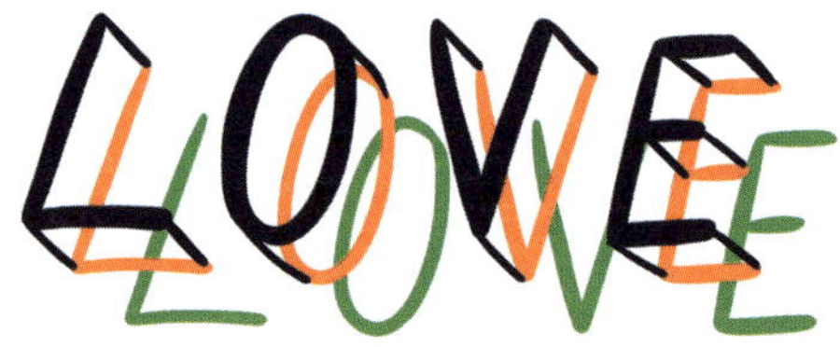

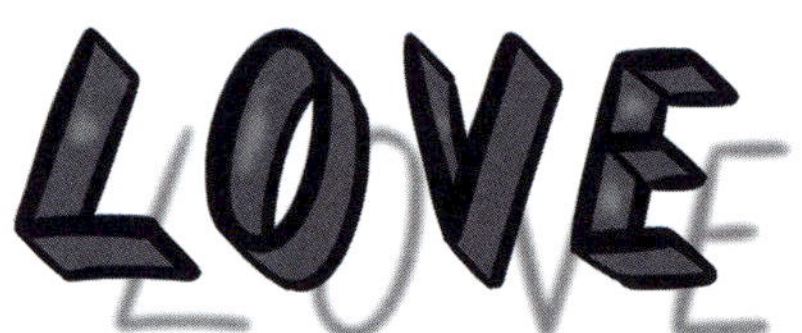

4 Jetzt verwischst du nur noch die Buchstaben, die auf der unteren Linie liegen, mit einem Wattestäbchen, damit sie wie ein Schatten wirken. Schwupps, schon sieht es aus als würden deine Buchstaben schweben.

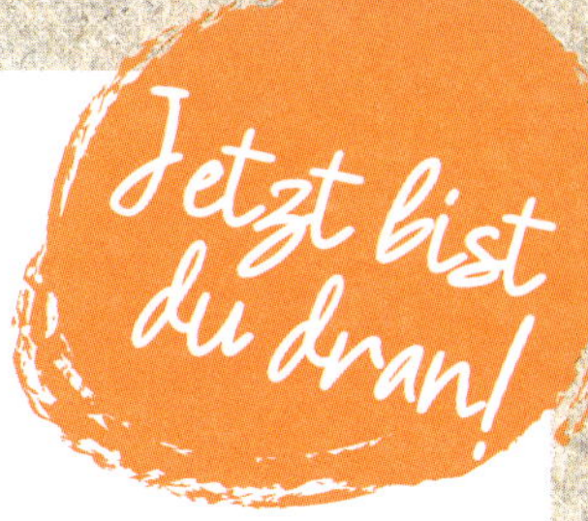

Probiere es hier gleich mal mit deinem Namen aus!

MÜNZENTIERE

Dieses Hilfsmittel hast du vermutlich meistens in deinem Geldbeutel dabei: Ein-Euro- und Zwei-Euro-Stücke eignen sich bestens, um super niedliche Tiere zu zeichnen.

SO GEHT'S:

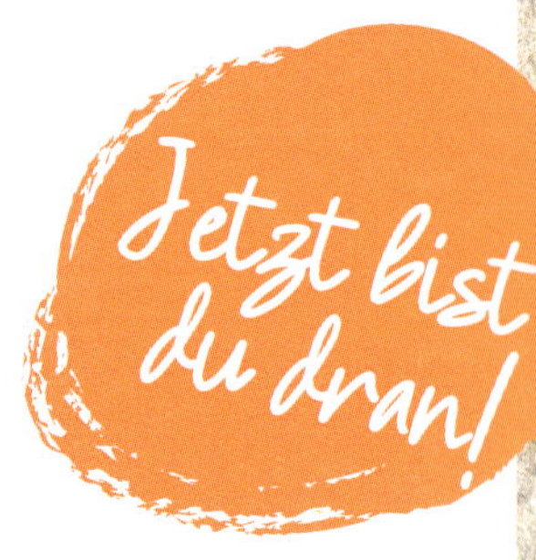

1 Der erste Schritt ist dabei immer gleich – umfahre die Münze mit einem Stift. Und dann schau mal, was du alles daraus zeichnen könntest.

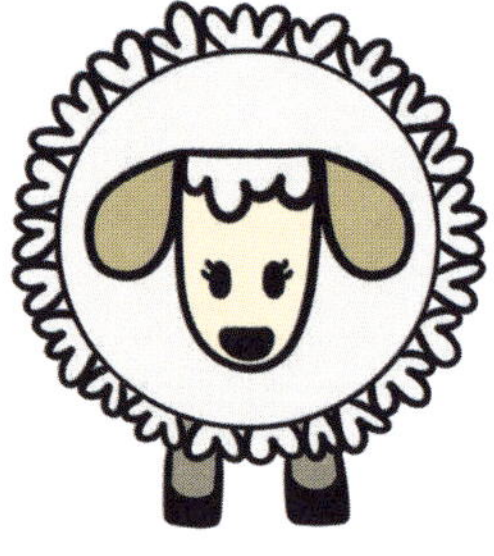

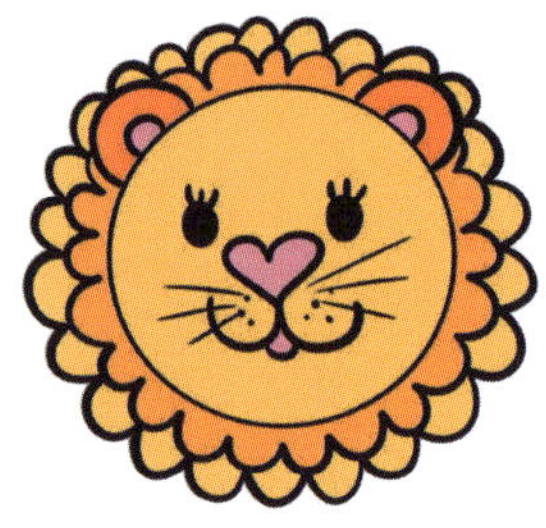

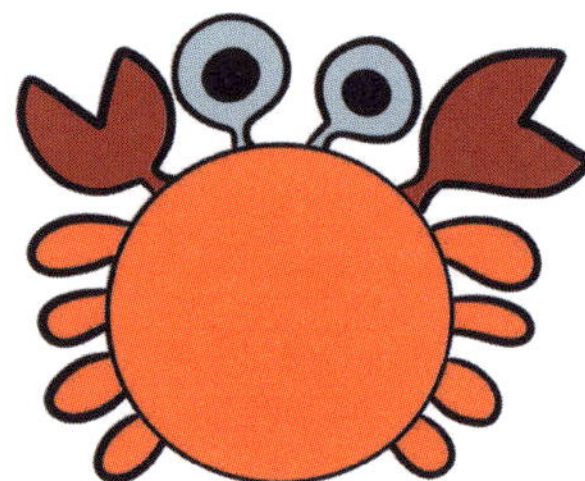

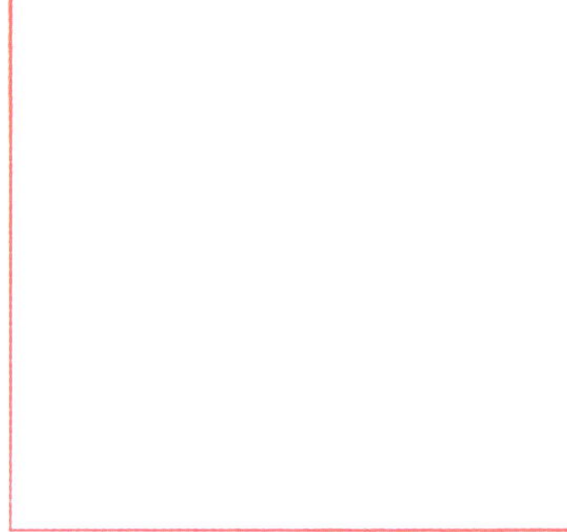

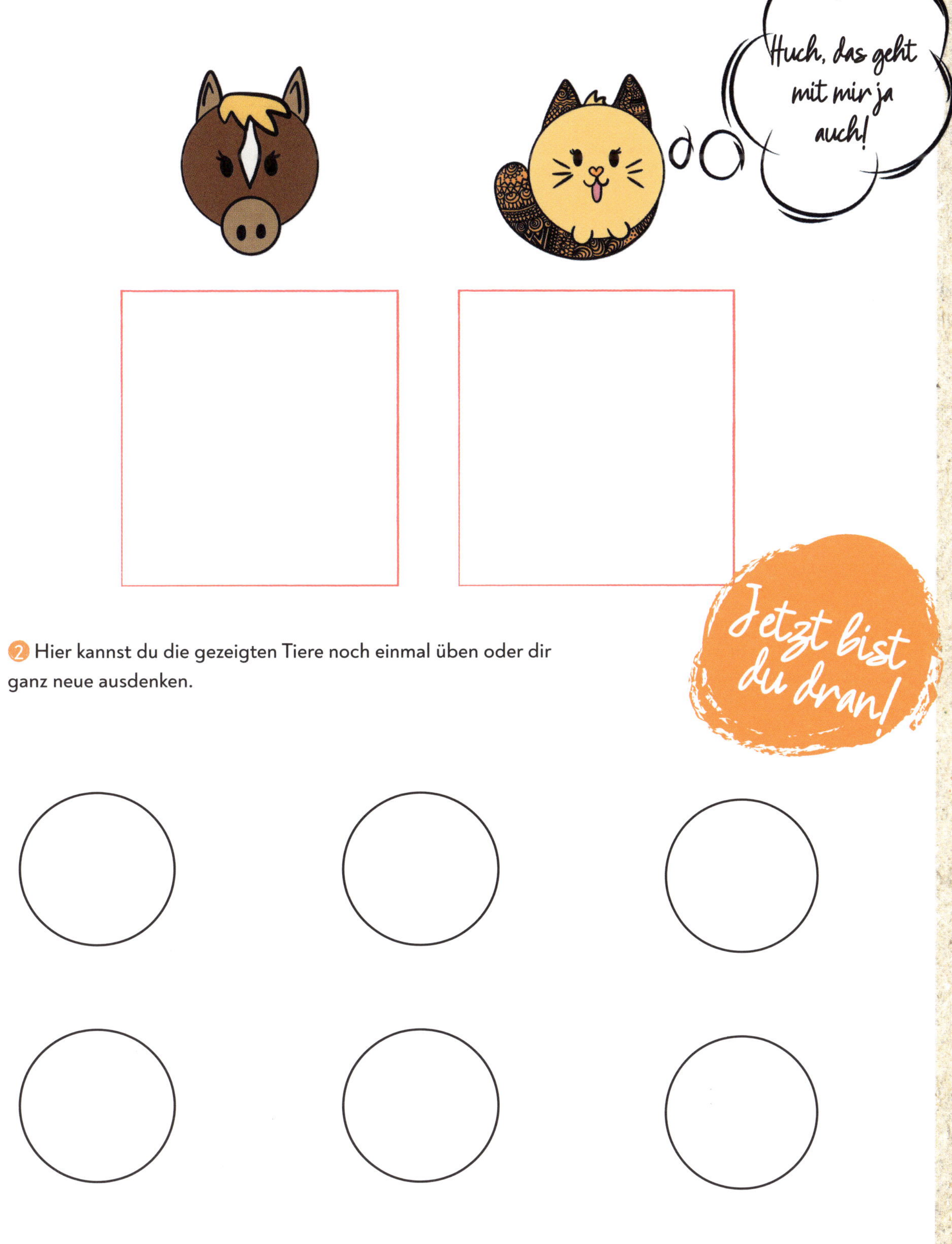

2 Hier kannst du die gezeigten Tiere noch einmal üben oder dir ganz neue ausdenken.

OPTISCHE TÄUSCHUNG

Diese Optische Täuschung ist gar nicht schwer zu zeichnen und doch ist der Effekt am Ende wirklich witzig. Als ob die Zeichnung total unscharf wäre und deine Augen sie nicht richtig erfassen könnten.

Du brauchst dafür nur ein weißes Blatt Papier und einen schwarzen, dunkelblauen, hellblauen, roten und gelben Stift – ganz egal ob Filzstift, Marker oder Buntstift. Sie sollten nur alle von der gleichen Art sein.

SO GEHT'S:

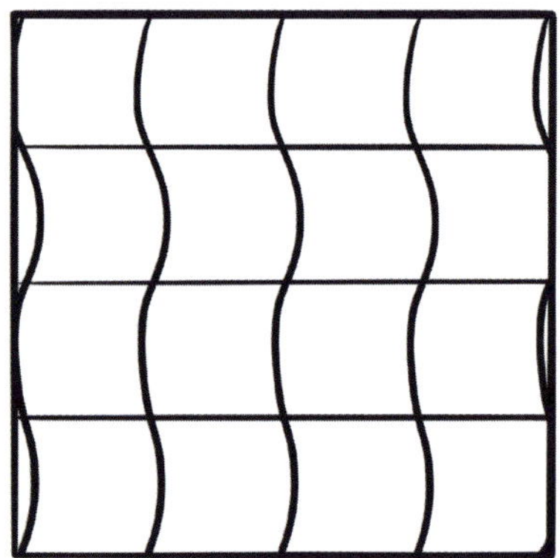

1 Zeichne ein schwarzes Quadrat und füge im jeweils gleichen Abstand von links nach rechts gerade Striche ein. Dann zeichnest du mit demselben Abstand gebogene Linien von oben nach unten ein. Das funktioniert ganz gut, wenn du dir vorher mit Bleistift ganz leicht gerade Hilfslinien einzeichnest, an denen du die Krümmung der Linie ausrichten kannst.

2 Male jedes zweite entstandene Kästchen schwarz aus, sodass ein Schachbrettmuster entsteht.

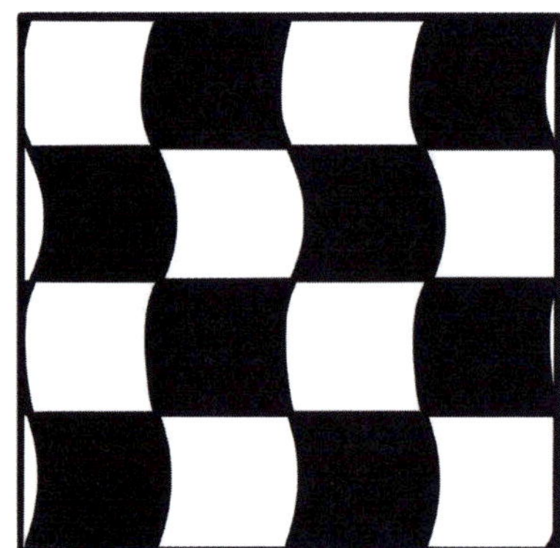

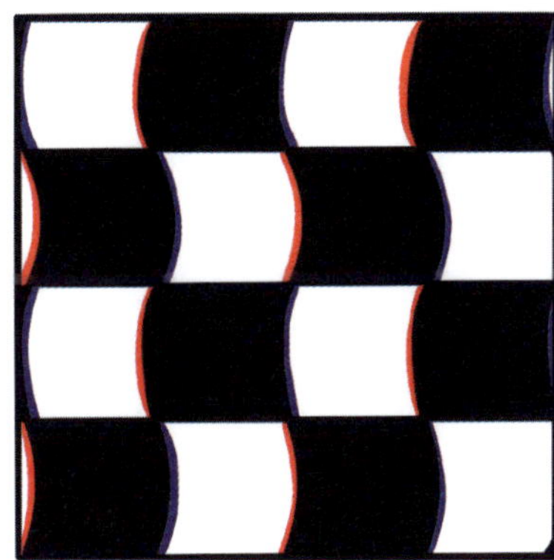

❸ Zeichnen nun an die linke Seite der schwarzen Kästchen eine rote Linie, an die rechte Seite eine dunkelblaue Linie.

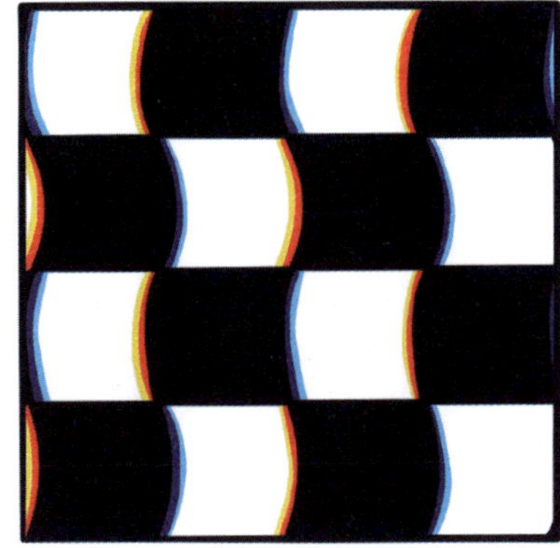

❹ Setze jetzt an jeden dunkelblauen Strich noch einen hellblauen und an die roten Striche noch einen gelben Strich.

Je mehr Kästchen du machst und je größer der Abstand ist, aus dem du sie betrachtest, desto stärker wird der Effekt.

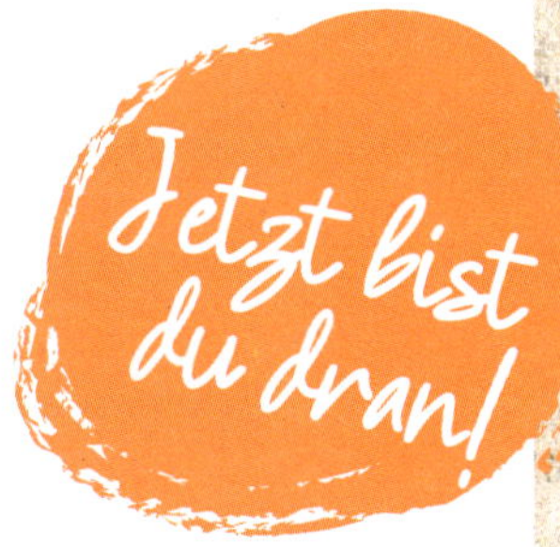

Probiere es gleich hier mal mit diesen Kästchen aus:

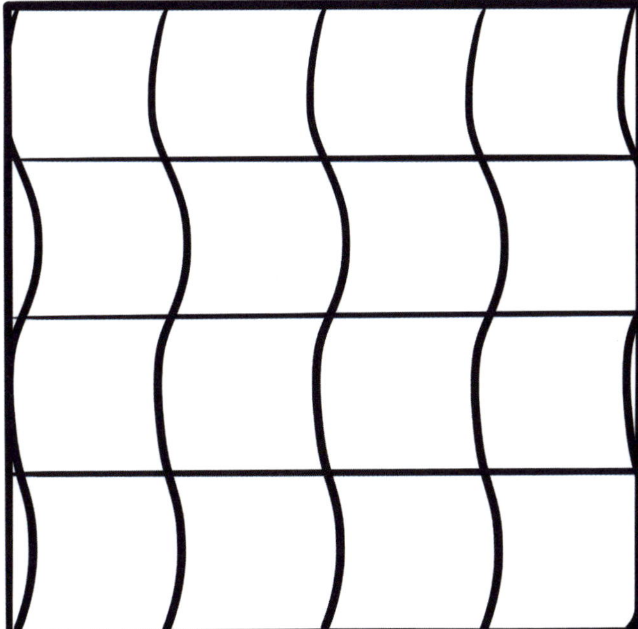

UMRISSE

Mit diesem Trick hebst du deine Zeichnungen auf ein neues Level. Statt der Motive zeichnest du diesmal nur deren Umrisse mit kleinen Strichen. Ganz besonders wird der Effekt, wenn du mit weißer Farbe auf schwarzem Papier malst. Probiere das gleich mal auf der nächsten Seite aus!

Und hier sind ein paar Inspirationen für dich:

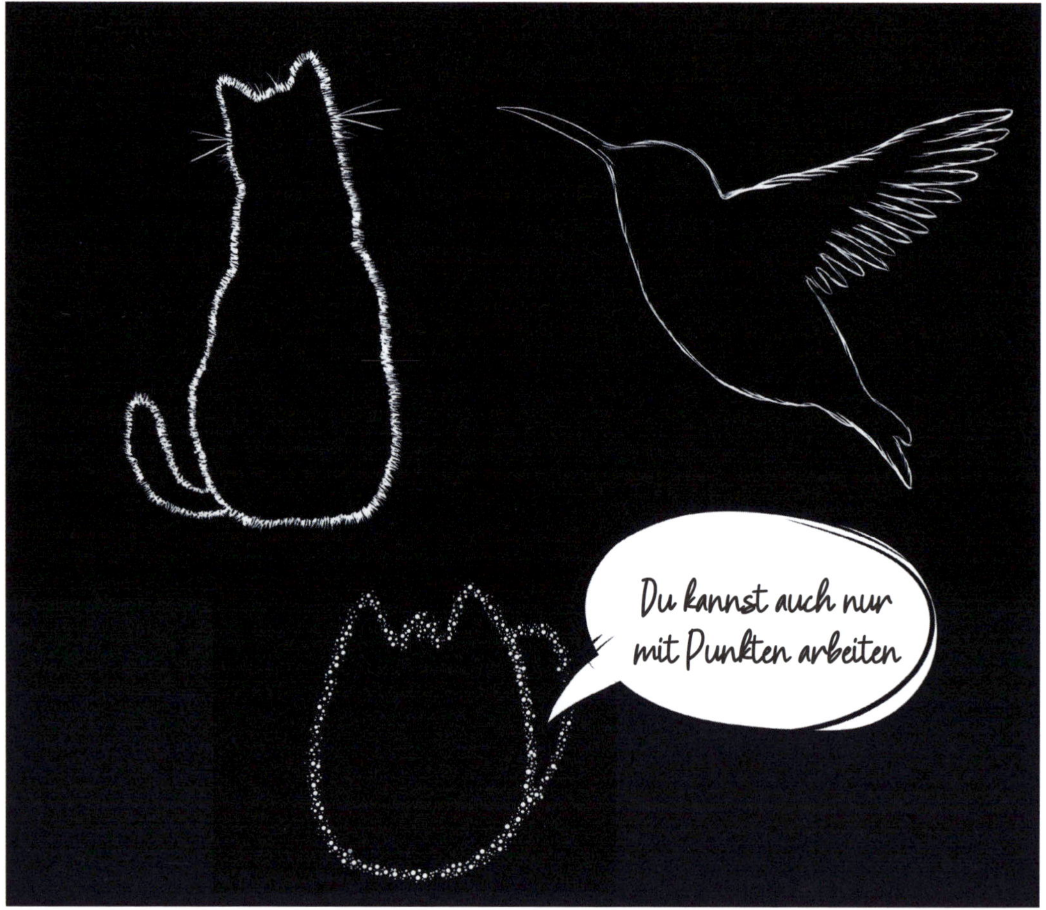

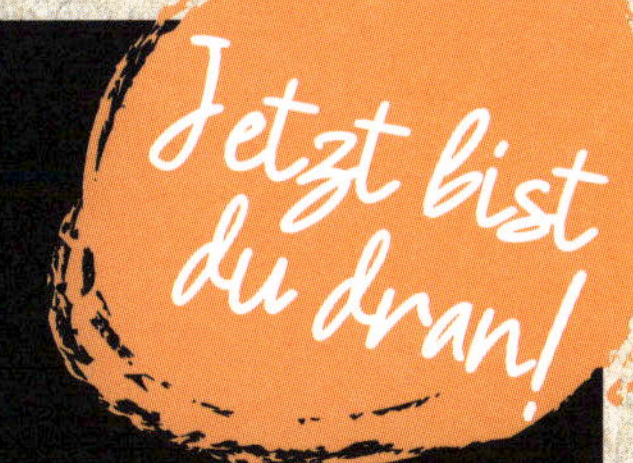
Jetzt bist du dran!

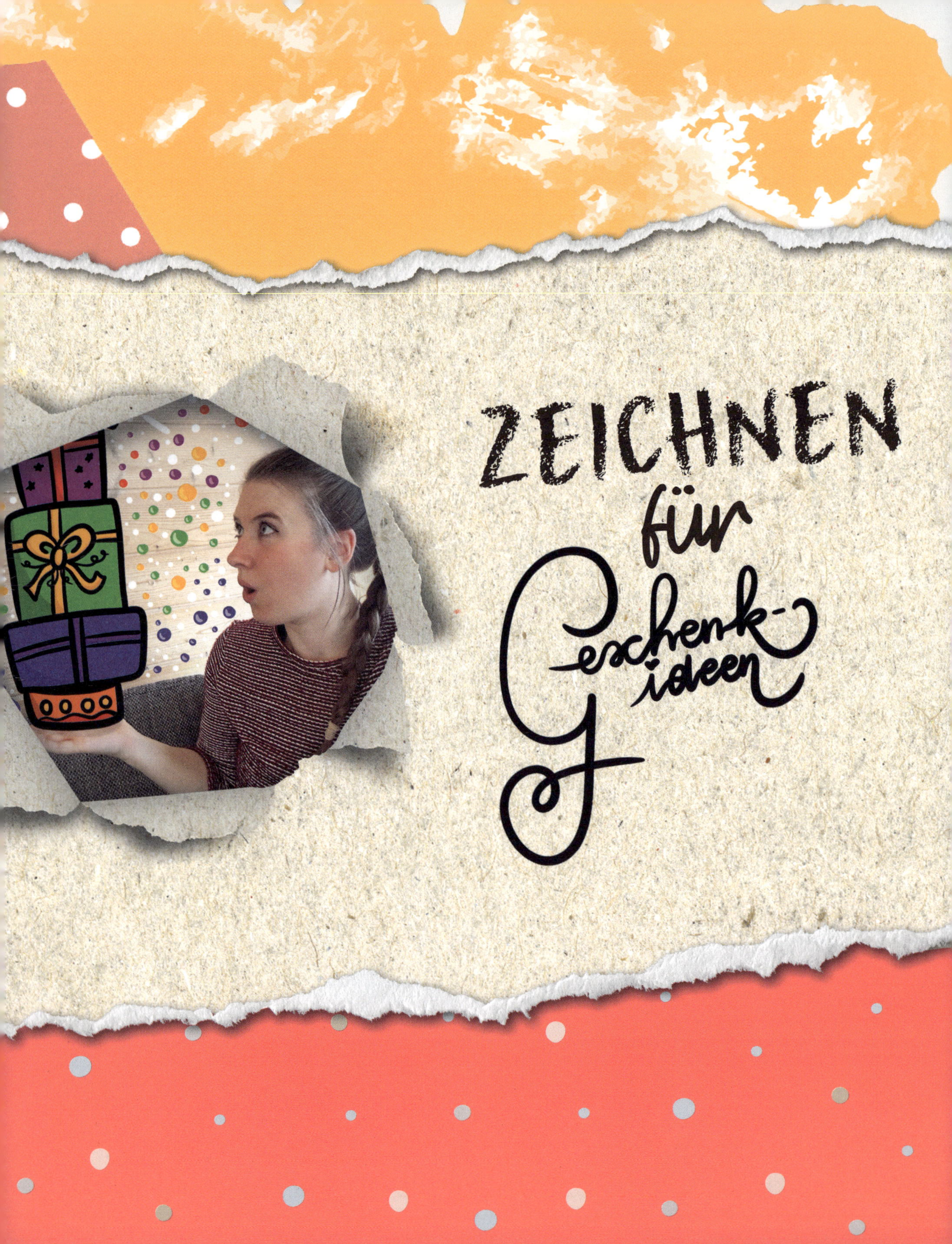
ZEICHNEN
für
Geschenk-
ideen

Geschenke werden noch einmal schöner, wenn etwas Selbstgemachtes dabei ist. Ob du das komplette Geschenk selbst gestaltest, die Verpackung oder eine ganz persönliche Karte – wenn du selbst noch etwas Zeit in dein Geschenk steckst, ist die Geste doppelt so schön.

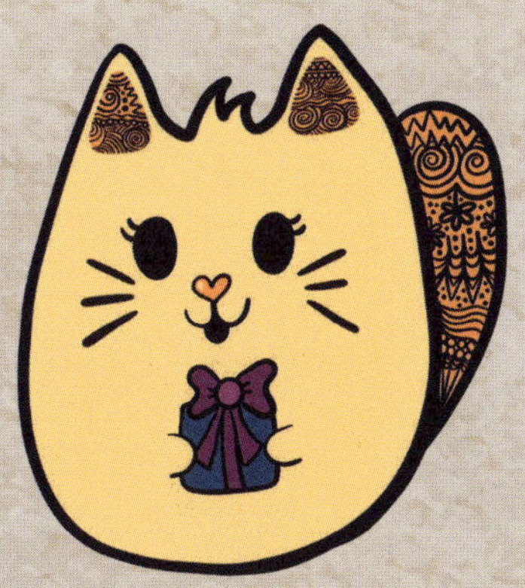

BLÜMCHENGRUSS

Diese Kombination aus Zeichnung und echten Blumen sorgt für einen ganz besonderen Effekt. Perfekt, wenn du mal ein kleines Mitbringsel oder etwas Abwechslung zur normalen Geburtstagskarte brauchst.

SO GEHT'S:

1. Zeichne eine hübsche Blumenvase und schneide sie aus.

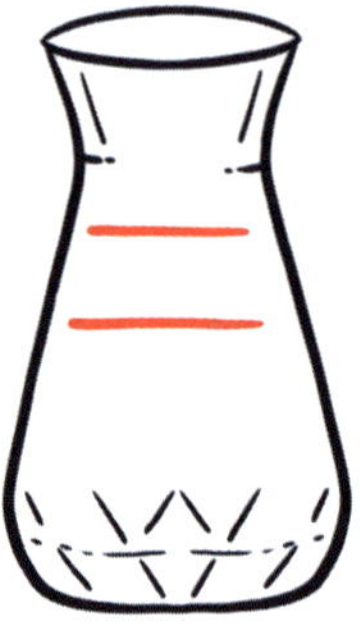

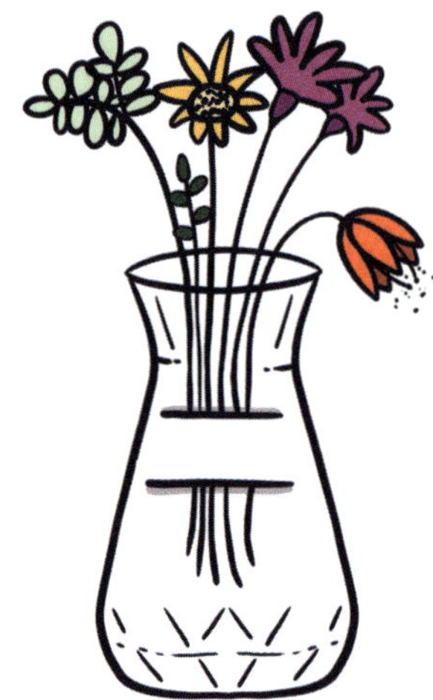

2. Setze an den rot markierten Strichen zwei horizontale Schnitte. Das geht besonders gut mit einem kleinen Bastelmesser oder Cutter.

3. Durch die entstandenen Schlitze kannst du jetzt ein paar Blümchen stecken – fertig!

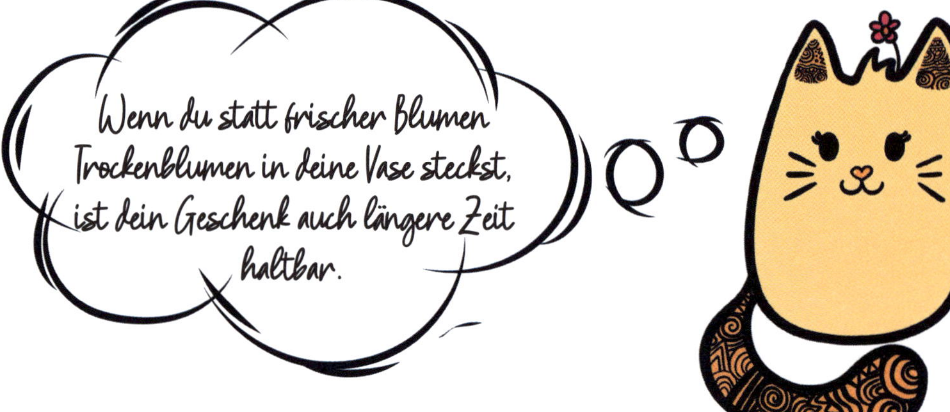

JUTEBEUTEL
MAL ANDERS

Dieses Geschenk kannst du entweder als Kleinigkeit verschenken oder ein weiteres Geschenk darin optimal verpacken. Nützlich und wiederverwendbar ist es obendrein.

DU BRAUCHST:

Jutebeutel ohne Aufdruck, am besten in Weiß oder einer hellen Farbe
Textilmarker • Bleistift

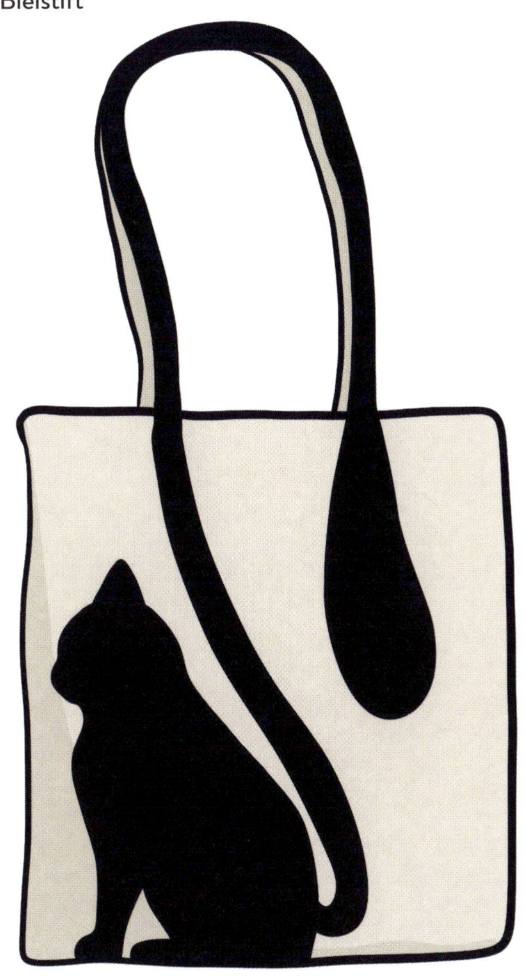

SO GEHT'S:

Der Jutebeutel wird zu deiner Leinwand. Zeichne das Motiv am besten zuerst mit Bleistift vor. Ein richtiger Hingucker wird's, wenn du die Henkel des Beutels mit ins Motiv integrierst. So kannst du sie zum Beispiel zum Schwanz einer Katze machen.

LINEART
ZUM VALENTINSTAG

Ein perfektes Geschenk für den Valentinstag ist ein Brief oder eine Karte mit ganz persönlichen Worten für deine Lieblingsperson. Verzieren kannst du sie ab sofort mit diesen tollen Lineart-Zeichnungen.

Lineart lernst du am besten, indem du die Linien immer wieder zeichnest. So übst du die Bewegungsabläufe mit deiner Hand, damit deine Zeichnung mit nur einer Linie gelingt.

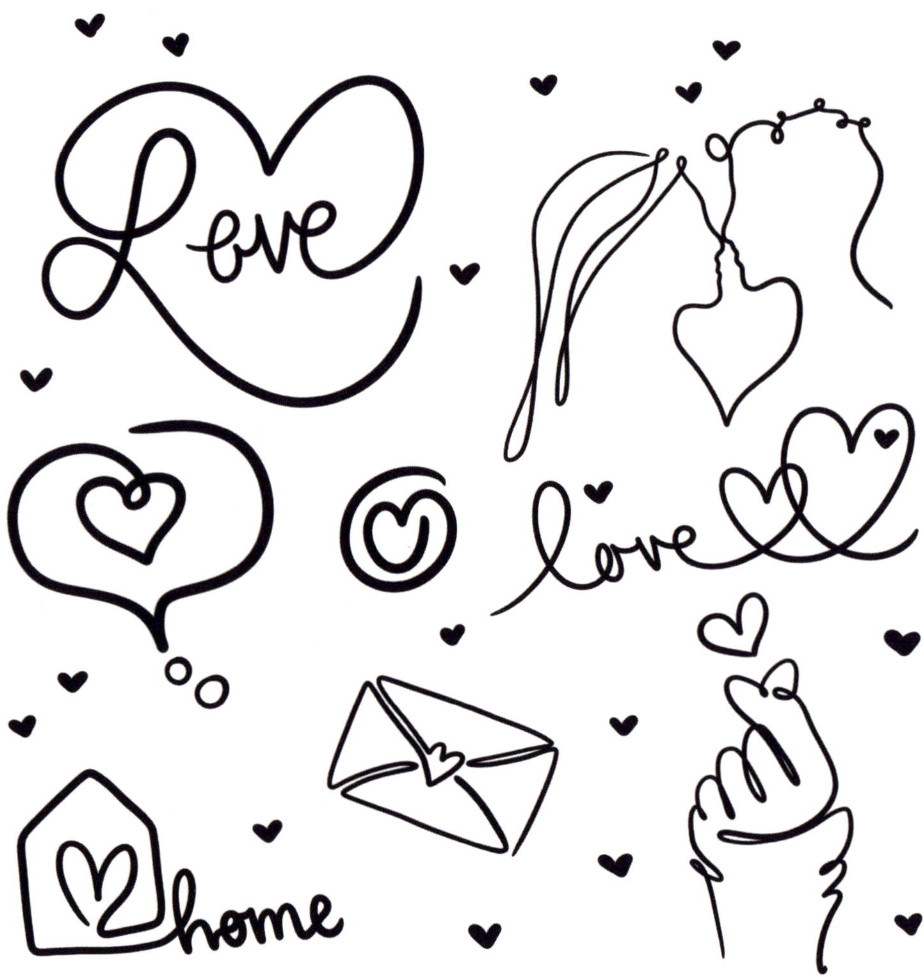

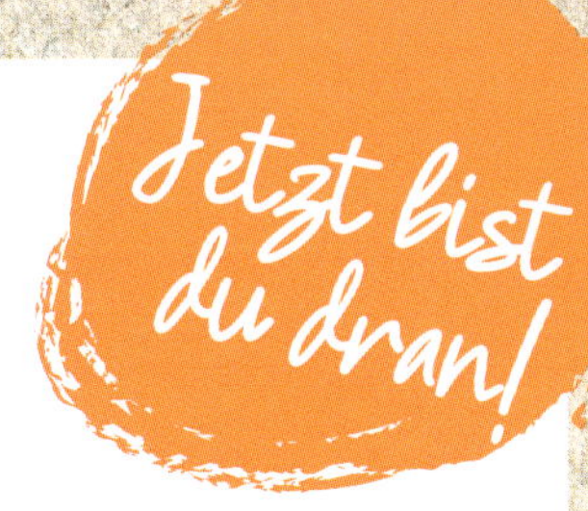

Hier kannst du alle Zeichnungen noch einmal mit Hilfe einer Vorlage nachzeichnen. Im nächsten Schritt legst du dir dann ein leeres Blatt Papier neben das Buch und versuchst, die Zeichnungen freihand zu zeichnen.

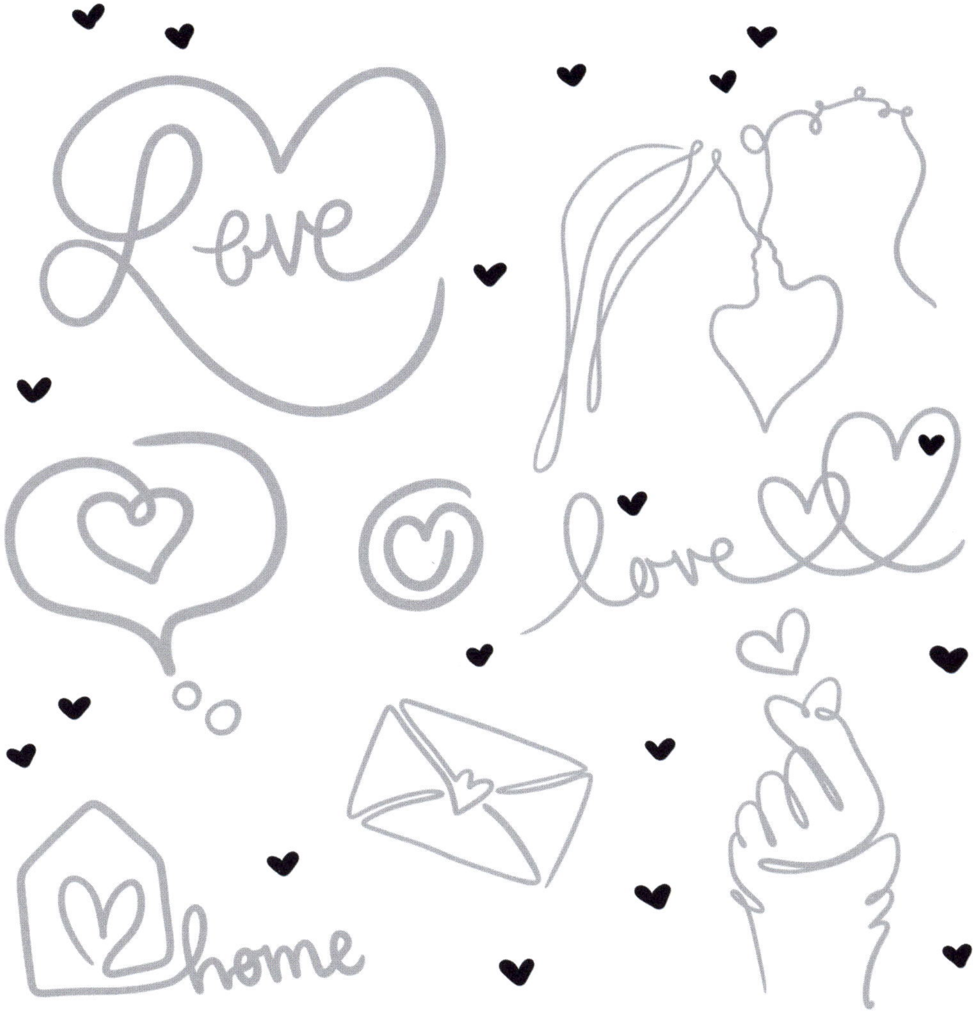

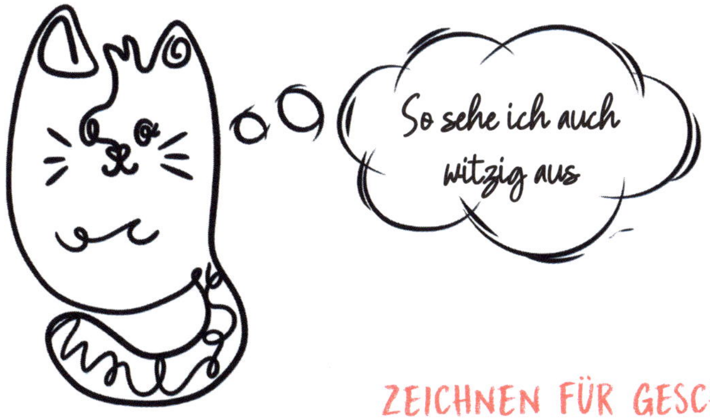

So sehe ich auch witzig aus

POP-UP
GEBURTSTAGSKARTE

Was ist besser als eine Geburtstagskarte? Richtig, eine Pop-Up-Geburtstagskarte! Ein kleiner Special Effekt, der deine nächsten Karten ganz besonders macht. Und was passt besser zu einem Geburtstag als eine coole Torte?

DU BRAUCHST:

zwei gleich große Stücke helles Tonpapier
Kleber, Schere oder Bastelmesser • farbige Stifte

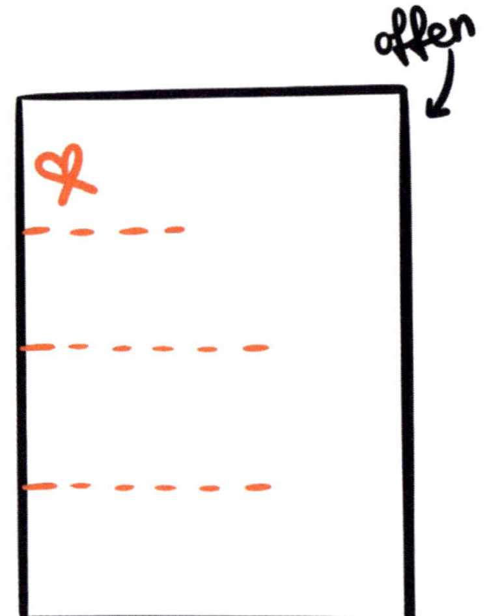

SO GEHT'S:

1 Falte beide Papierstücke in der Mitte.

2 Nun kommt die Schere zum Einsatz. Zeichne vorher leicht die Linien auf einem der beiden Papiere vor, an denen du einschneiden musst. Auf der Abbildung habe ich dir die Linien gestrichelt eingezeichnet. Achtung: Die Schnitte starten an der geschlossenen Seite der Karte.

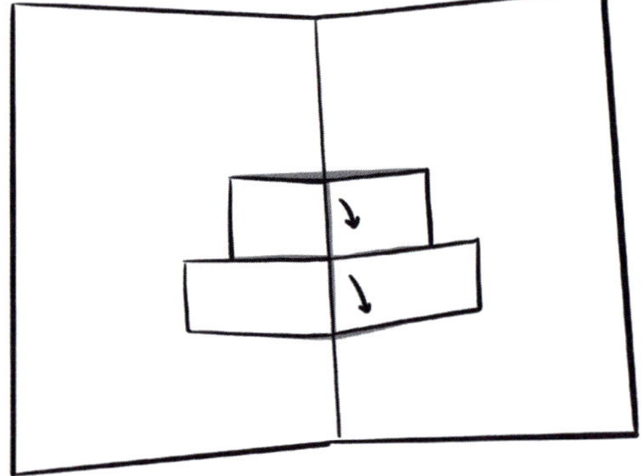

3 Drücke das Papier zwischen den Schnitten nun vorsichtig nach innen. Dann klappst du die Karte auf, holst die Papierstreifen nach innen und drückst sie noch einmal fest, sodass sie nach innen stehen.

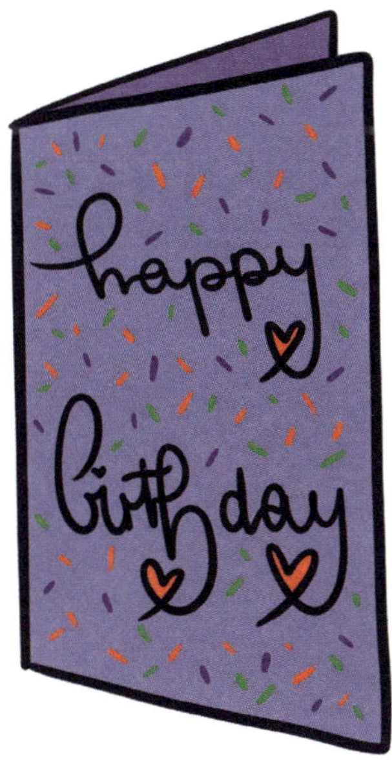

4 Klebe das zweite Papierstück außen um das eingeschnittene Papier. So sieht alles schön sauber aus.

5 Male die Pop-Up-Torte jetzt noch nach deinen Vorstellungen aus und verziere sie mit Kerzen. Gestalte die Karte innen und außen schön aus und schreibe deine Geburtstagsgrüße hinein.

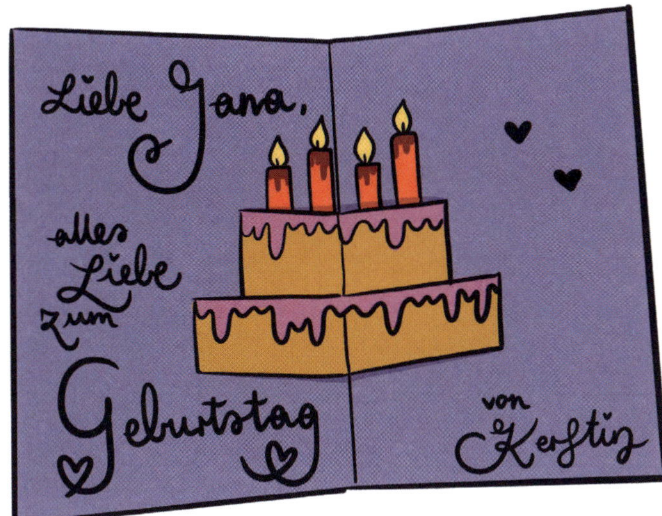

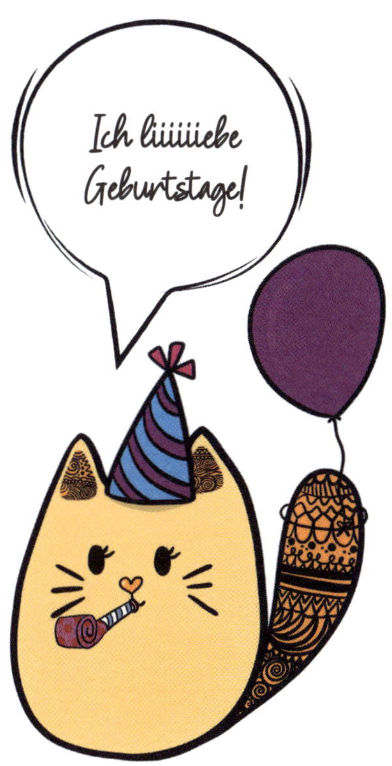

PAPIERBLUMEN

Blumen, die nie verwelken, kannst du ganz einfach selber machen – als Vorlage für den Strauß dienen dir deine Hände. Die Papierblumen eignen sich auch hervorragend, um daran einen Gutschein zu befestigen.

DU BRAUCHST:

- grüne (Papier)Strohhalme
- Tonpapier
- Bleistift, Schere
- Klebeband, Geschenkband

SO GEHT'S:

1 Lege deine Hand auf das Tonpapier, umfahre ihren Umriss mit einem Bleistift und schneide ihn aus. Pro Hand kannst du eine Blume basteln. Für einen fülligen Strauß brauchst du ungefähr acht bis zehn Blumen.

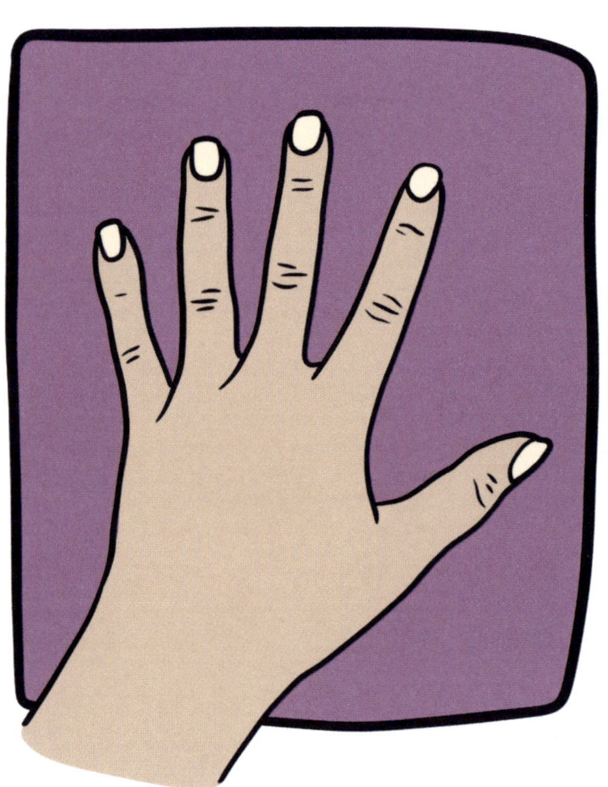

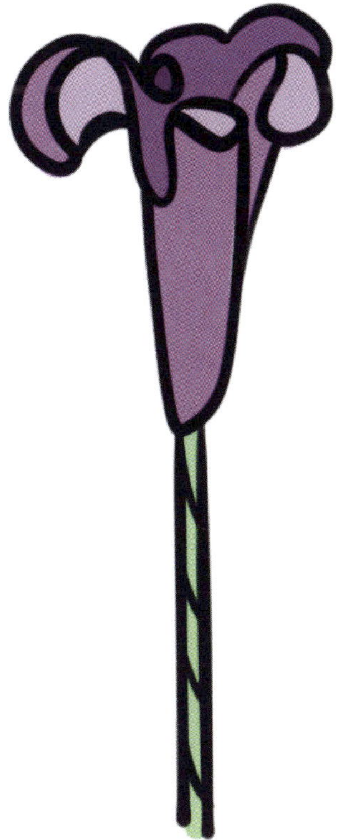

2 Drehe die ausgeschnittene Form fest um einen Strohhalm und klebe das Ende mit Klebeband sowohl am Papier als auch am Strohhalm fest.

3 Nimm die Schere und ziehe die Enden der Papierblumen darüber, sodass sie sich nach außen biegen.

4 Binde zum Schluss alle Blumen mit einem schönen Geschenkband zu einem Strauß zusammen.

HAPPY BIRTHDAY

Ab jetzt kannst du jedes deiner Geschenke mit einem hübschen Schriftzug verzieren oder die perfekten Geburtstagskarten schreiben. Zum Üben habe ich für dich ein paar Ideen zusammengestellt, wie du „Happy Birthday“ auf unterschiedlichste Art und Weise gestalten kannst.

SO GEHT'S:

Die erste Zeile ist immer die Vorlage. In der zweiten Zeile kannst du die Schrift mit Hilfe der leicht vorgedruckten Linien üben und in der dritten Zeile kannst du freihand schreiben.

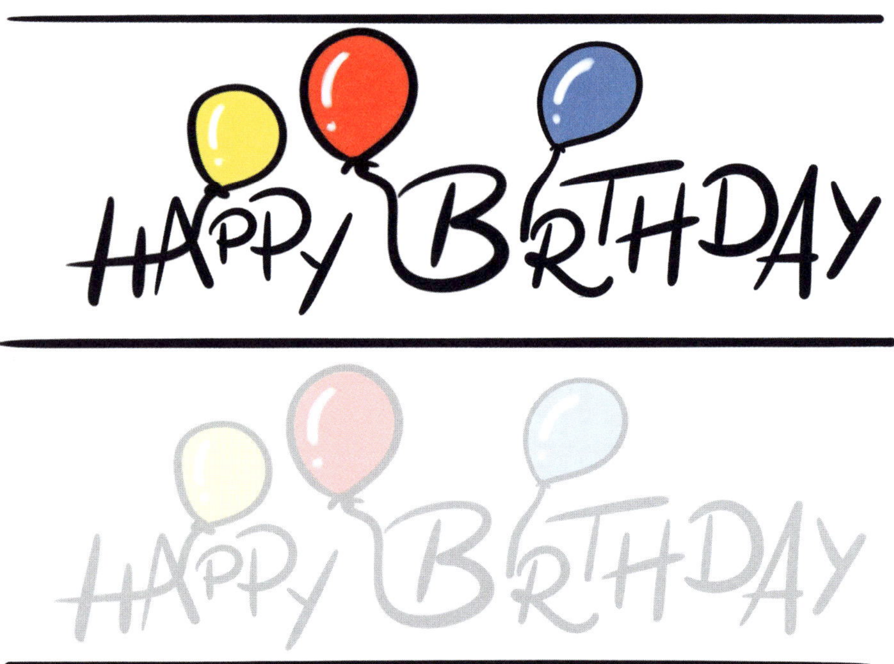

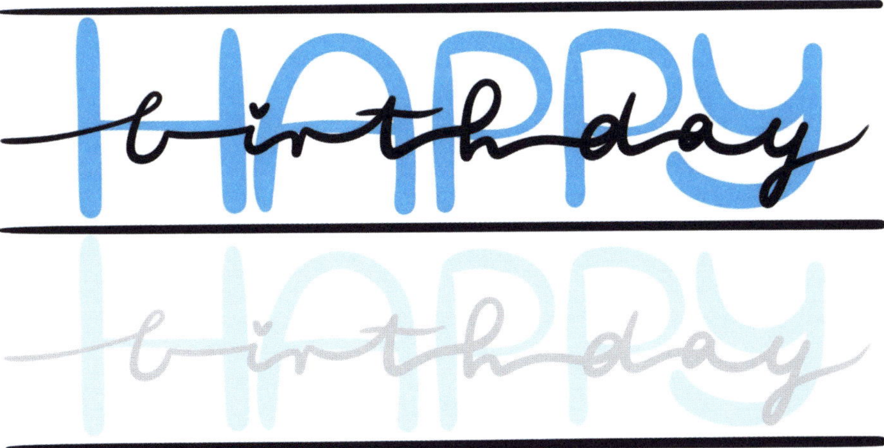
HAPPY
birthday
HAPPY
birthday

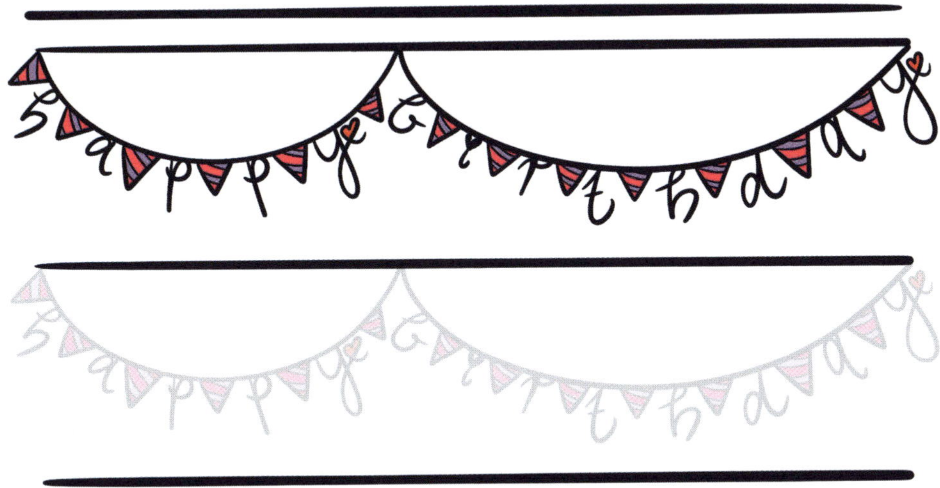
happy birthday
happy birthday

EIN KOMPLIMENT
FÜR DICH

Geschenke müssen nicht immer groß und aufwendig oder nur zu speziellen Anlässen sein. Auch kleine Geschenke im Alltag sind eine tolle Geste.

Diese kleine Aufmerksamkeit kannst du sogar heimlich bei lieben Menschen in der Wohnung hinterlassen. So löst du noch einen kleinen Überraschungseffekt aus.

SO GEHT'S:

1. Schnapp dir ein Blatt Papier und schreibe oben groß „Ein Kompliment für dich für jeden Tag“ darauf.
2. Schneide das Papier von unten in gleichmäßigen Abständen ein.
3. Auf jeden Streifen schreibst du jetzt ein liebes Kompliment.
4. Der oder die Beschenkte kann jetzt jeden Tag ein Kompliment abreißen und so mit positiven Gedanken in den Tag starten!

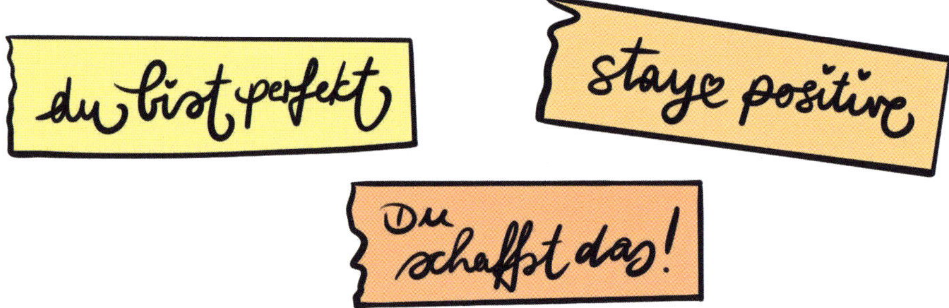

Und natürlich habe ich auch für dich ein solches Geschenk zum Abreißen kreiert. Du musst nur noch an den gestrichelten Linien einschneiden und schon kannst du dir jeden Tag – oder immer, wenn du liebe Worte brauchst – einen Schnipsel aus dem Buch reißen und bei dir tragen.

9 positive Vibes für dich

Genieß den Tag

du bist genug

VERTRAUEN

atmen

glaub an dich!

SELBSTBEWUSST

KONFETTI für dich

go for it

heute ist dein Tag!

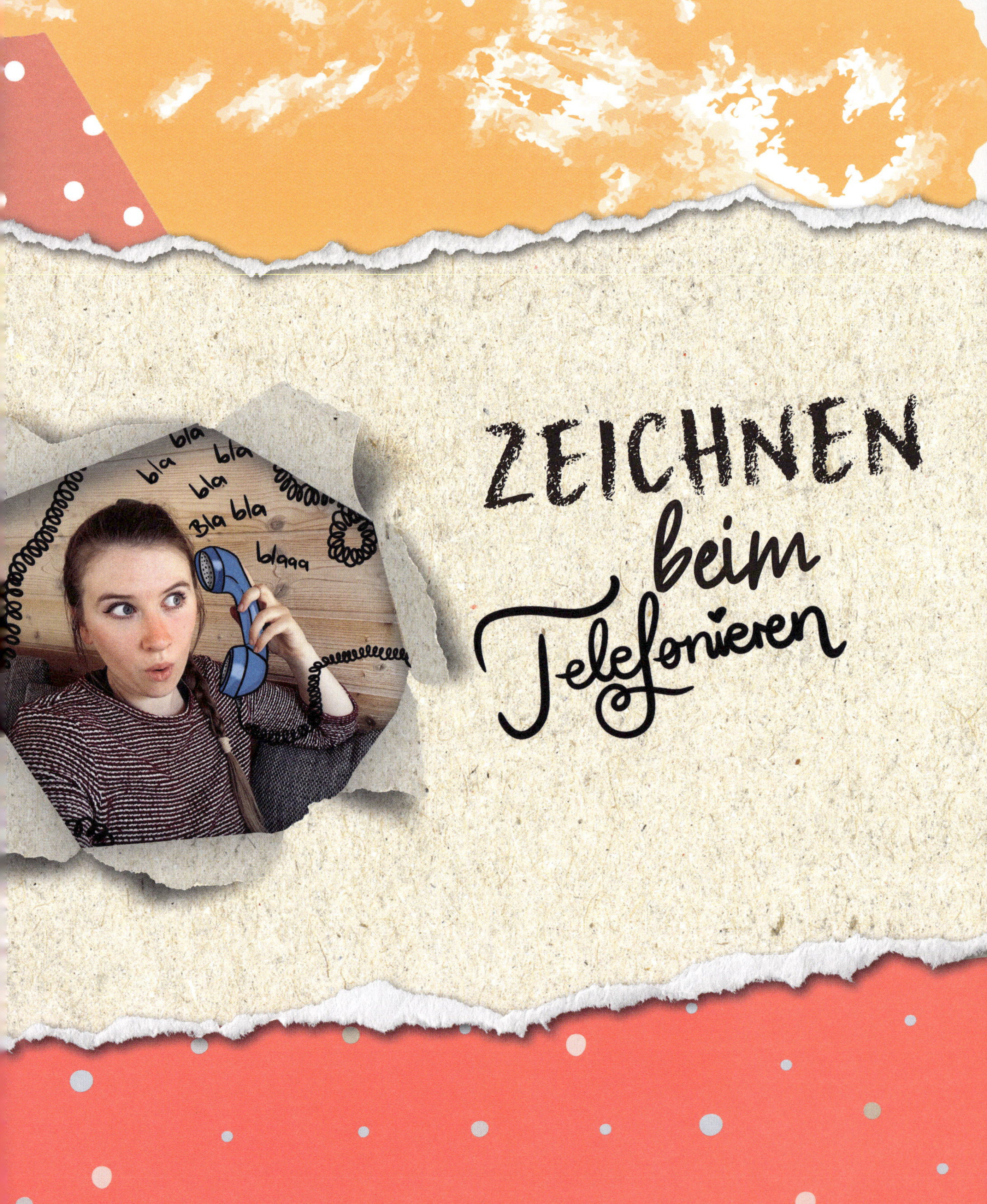

ZEICHNEN beim Telefonieren

Diese kleinen Zeichenideen sind perfekt, um die Hände beim Telefonieren zu beschäftigen – stundenlangen Telefonaten steht so nichts mehr im Weg. Und am Ende hast du sogar noch eine hübsche Zeichnung. Wie wäre es zum Beispiel, wenn du dir ein Notizbuch genau für diesen Zweck anlegst? Immer, wenn du telefonierst, trägst du das Datum und deinen Gesprächspartnern ein und zeichnest und kritzelst los. Am Ende hast du ein ganzes Buch mit deinen kreativen Erinnerungen gefüllt.

ABC-ZEICHNEN

Diese Übung reicht für 26 Telefonate – oder für ein gaaaaanz langes. Fertige für jeden Buchstaben des Alphabets eine kleine Zeichnung an. Mach dir dabei nicht zu viele Gedanken. Die Zeichnungen sollen ja deine Hände beschäftigen und dich nicht vom Telefonieren abhalten. Du kannst einfach etwas Beliebiges zeichnen oder dir ein Thema ausdenken, zum Beispiel Tiere, nur Dinge, die gelb sind, Dinge, die man am Strand dabeihat, …

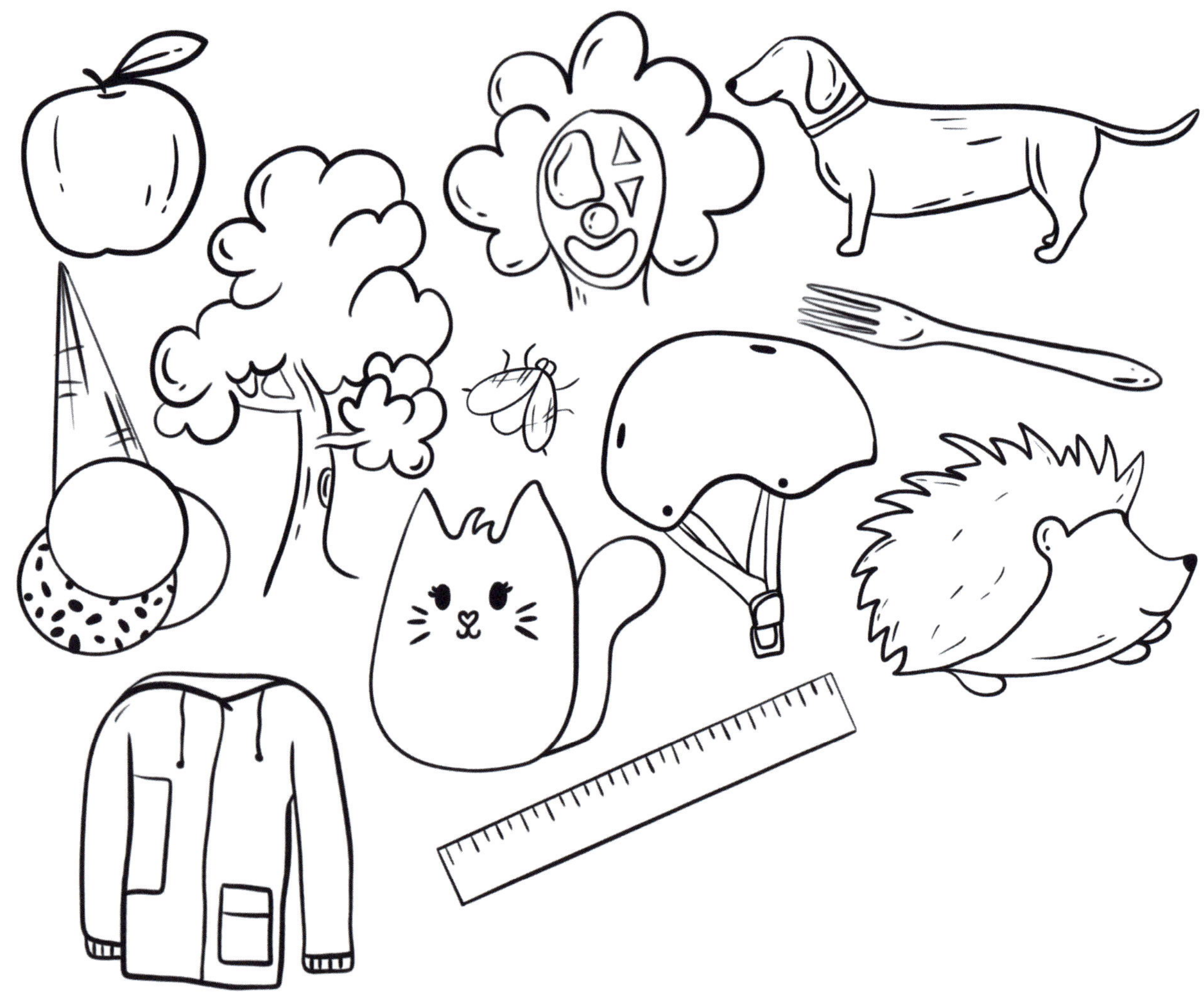

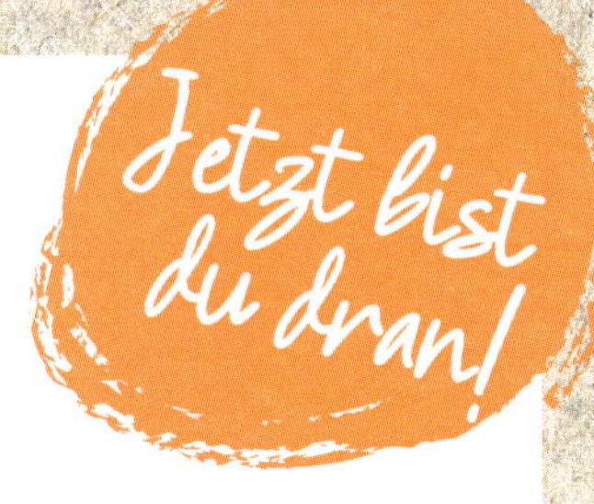

Hier und auf der vorherigen Seite habe ich für dich schon einmal verschiedenste Dinge von A-Z gezeichnet – schnapp dir das Buch und nutze es bei deinen nächsten Telefonaten zum Ausmalen. Erkennst du alle Buchstaben?

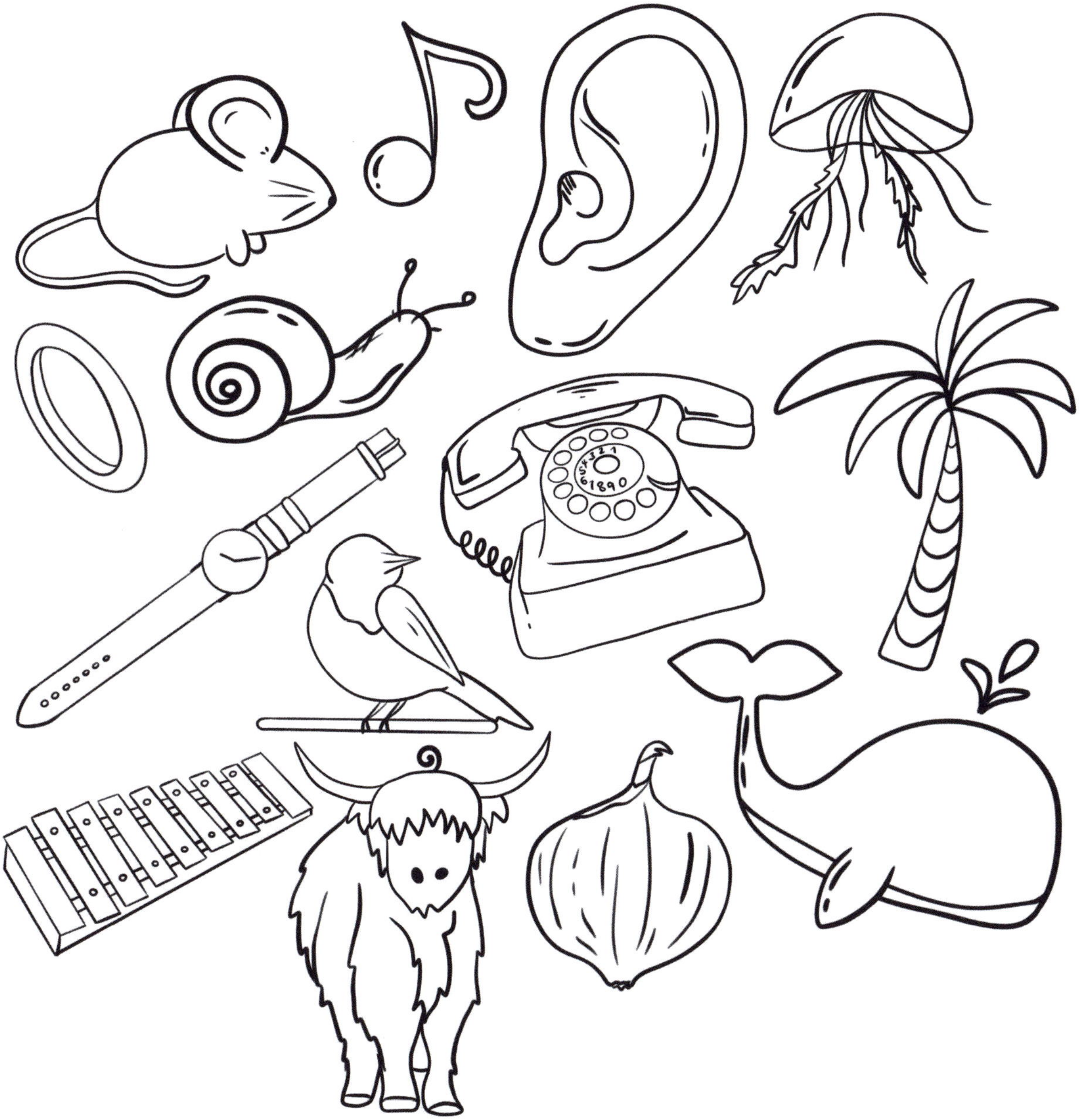

MALEN NACH ZAHLEN

Für diese Zeichnung brauchst du ein bisschen Vorbereitung und ein Telefonat mit deiner Lieblingsperson. Damit habt ihr beim nächsten gegenseitigen Telefonieren eine tolle Beschäftigung für die Hände! Jeder sucht sich für den anderen ein Bild aus und verwandelt es in ein Malen-nach-Zahlen-Motiv.

SO GEHT'S:

1. Suche dir eine Abbildung aus und drucke sie aus.

2. Lege ein weißes Blatt Papier über das Bild. Es sollte eher dünn sein, damit du das Motiv noch gut durchsehen kannst.

3. Jetzt zeichnest du die Linien des Bildes nach und setzt in unterschiedlichen Abständen Punkte.

5. Lege ein weiteres Papier auf deine Linienzeichnung und pause diesmal nur die Punkte durch. Diese nummerierst du der Reihe nach. Fertig ist die Vorlage!

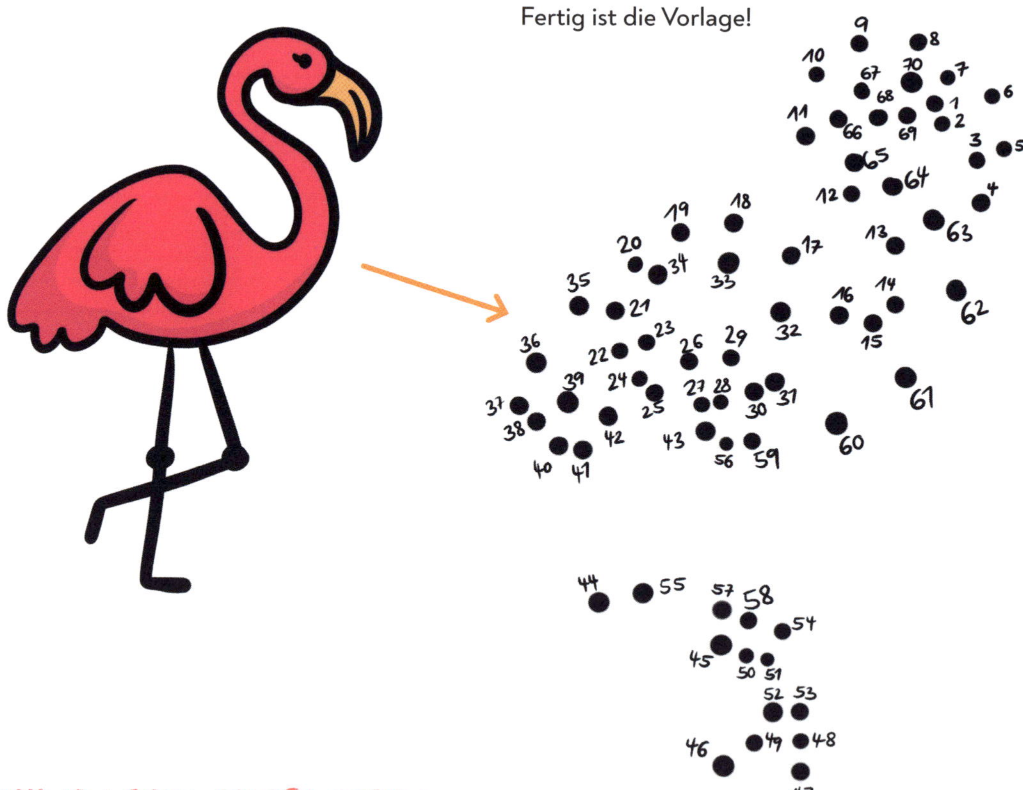

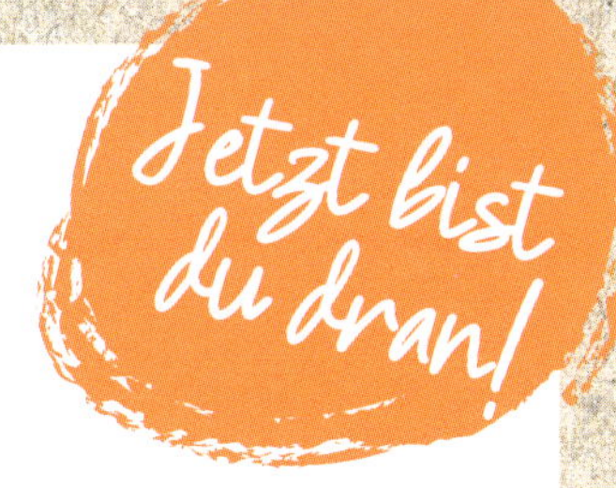

Weil dich dieses Buch genauso durch deinen Alltag begleiten soll wie deine Lieblingsperson, habe ich hier ein Malen-nach-Zahlen-Motiv für dich vorbereitet, das du beim nächsten Telefonat direkt zur Hand hast. Na, was kommt wohl raus?

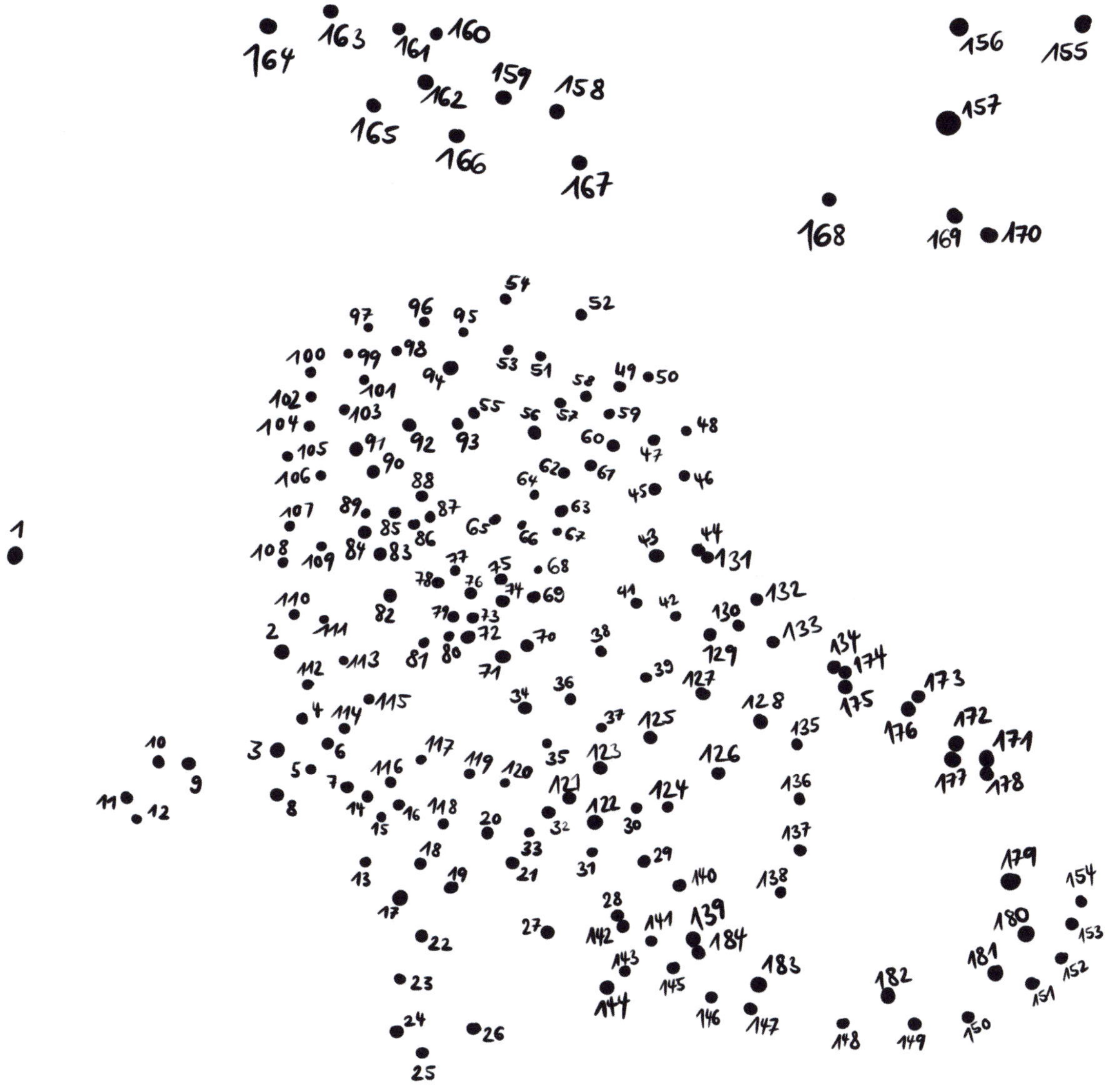

DOODLE-HAND

Alles, was du für diese Zeichenidee brauchst, befindet sich beim Telefonieren wahrscheinlich schon in deiner Nähe: ein Blatt Papier, ein Stift und deine Hand.

SO GEHT'S:

1 Deine Hand ist die Vorlage. Lege sie auf das Papier und umfahre den Umriss mit dem Stift. Mach diese Außenlinie ruhig etwas dicker.

2 Jetzt hast du innen genügend Platz, um deine Hand beim Telefonieren mit schönen Doodle-Mustern zu füllen. Hier habe ich für dich schon einmal mit meiner Hand begonnen. Male sie beim nächsten Telefonat einfach fertig aus.

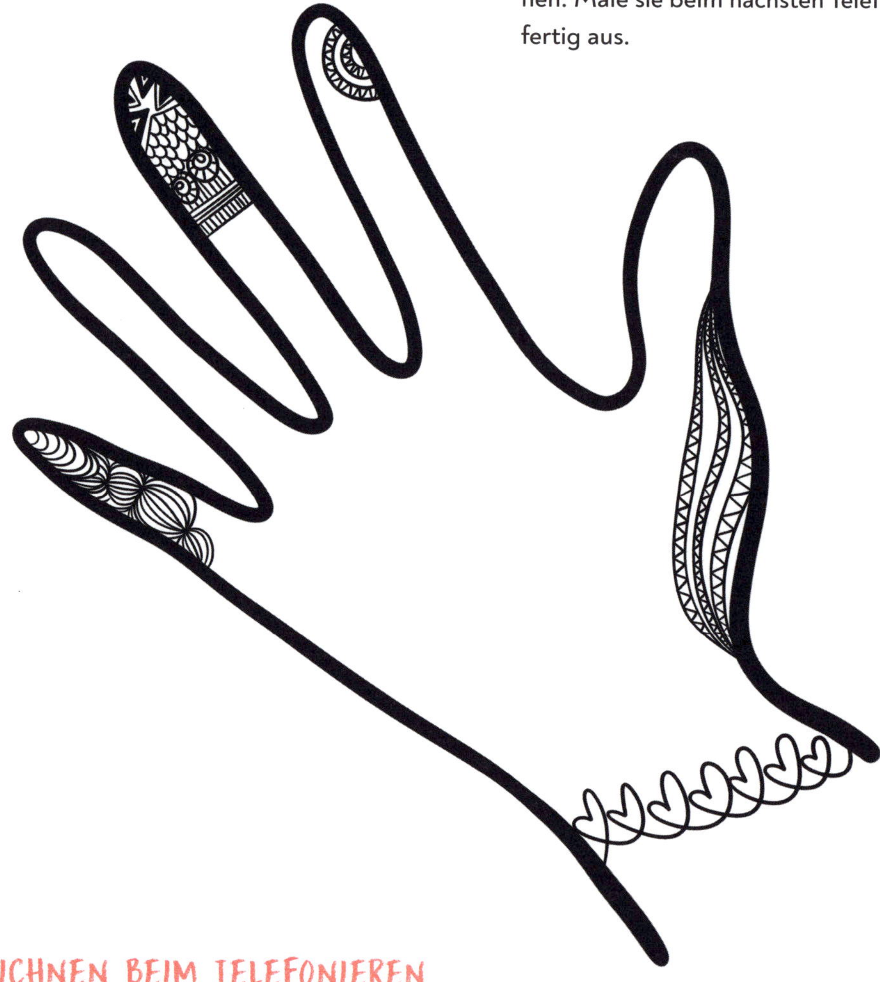

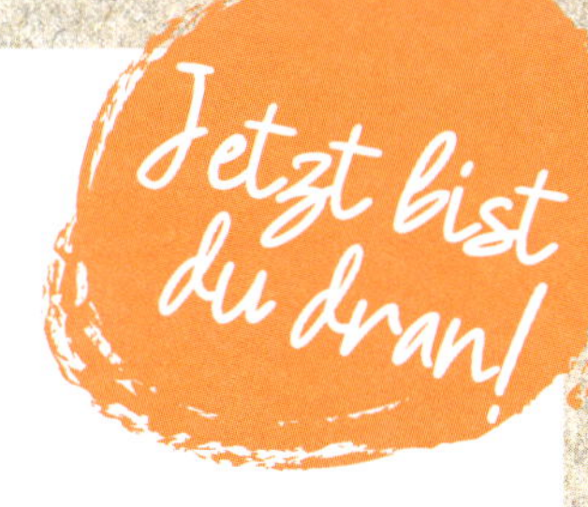

Egal, ob du den Umriss deiner Hand damit füllst oder einfach so draufloszeichnest: Doodle-Muster sind eine wunderbare Ablenkung und Beschäftigung beim Telefonieren. Hier habe ich sechs Ideen für dich vorgezeichnet. Daneben findest du Platz, um die Struktur zu üben.

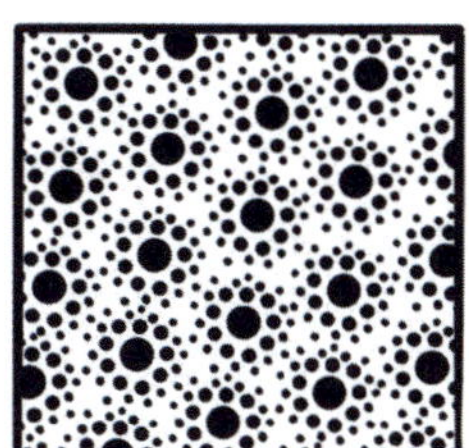

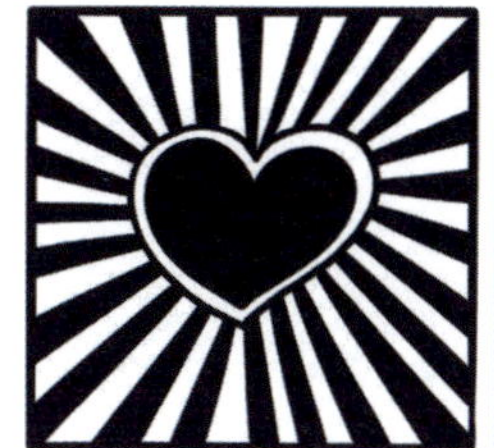

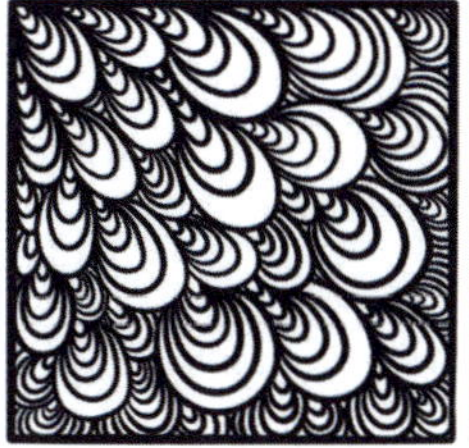

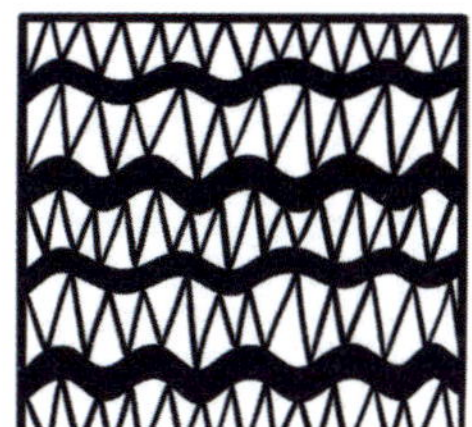

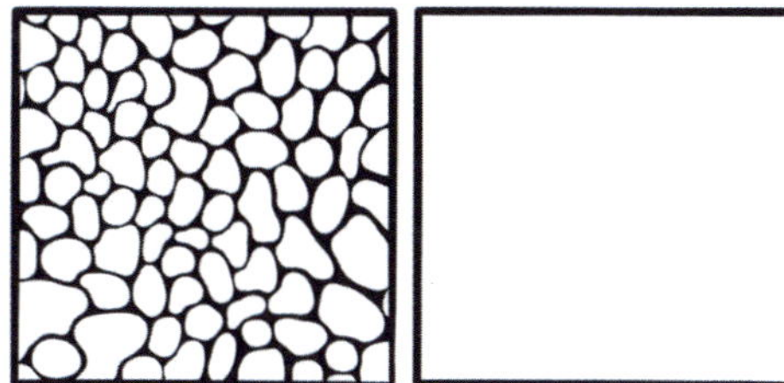
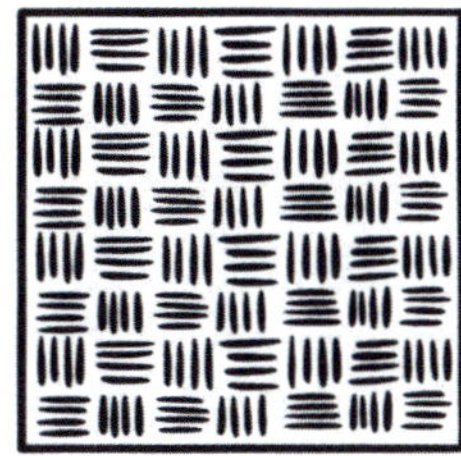

UNTERSCHRIFT ÜBEN

Vielleicht hast du deine ganz persönliche Unterschrift noch nicht gefunden oder möchtest mal etwas Neues ausprobieren – wo könnte man das besser üben als beim Telefonieren? Auf diesen beiden Seiten zeige ich dir für jeden Anfangsbuchstaben eine Idee, wie du ihn mit einem Herzchen kombinieren kannst. Direkt daneben hast du Platz, den Schwung selbst auszuprobieren.

Die Buchstaben kannst du natürlich auch für ganz viele andere Möglichkeiten nutzen. Für Geburtstagskarten, um Kalender zu verzieren oder für die Namensschilder deiner nächsten Geburtstagsparty.

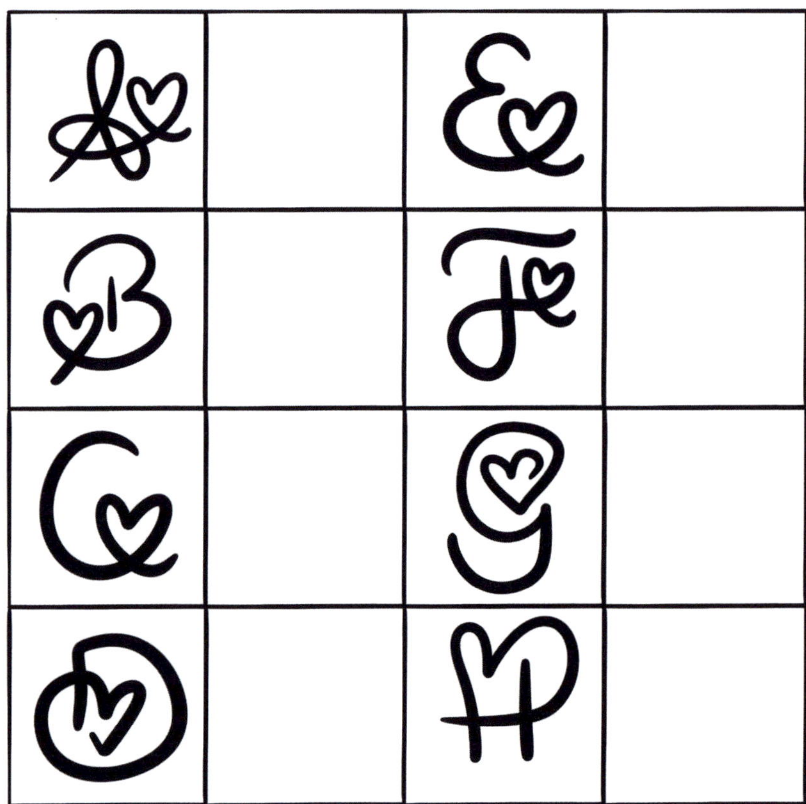

I		O		U	
J		P		V	
K		Q		W	
L		R		X	
M		S		Y	
N		T		Z	

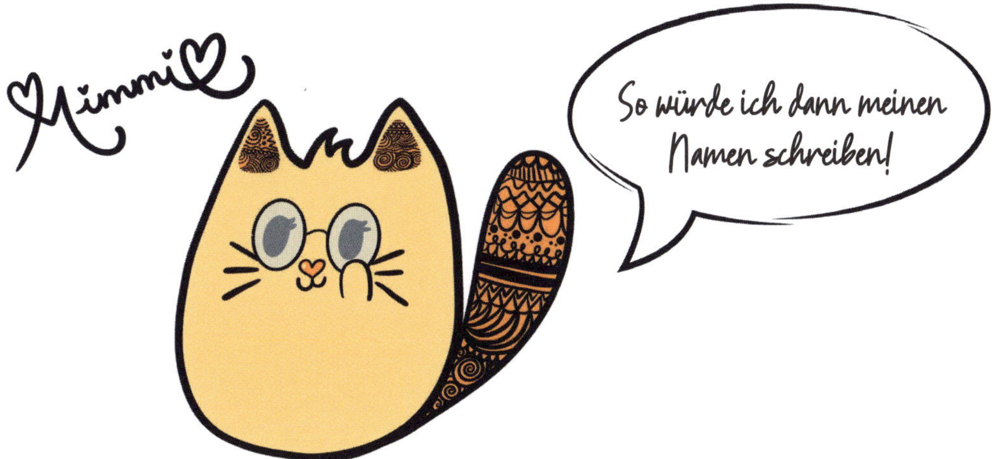

KRINGELBILD

Bei den meisten von uns sieht die typische „Zeichnung" beim Telefonieren wahrscheinlich so aus:

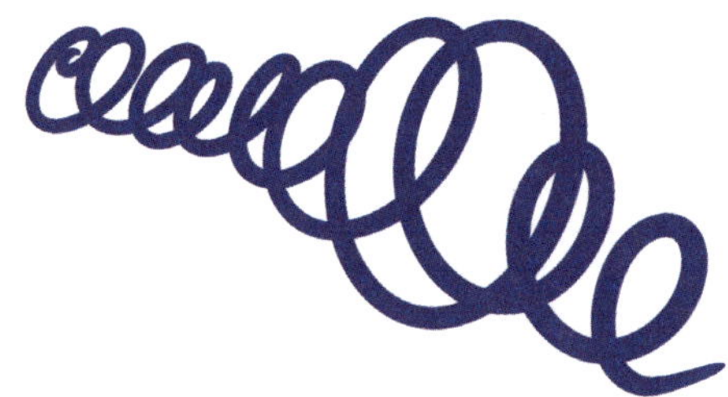

Und damit hast du auch schon die Handbewegung drauf, mit der du ab jetzt beim Telefonieren kleine Kunstwerke zaubern kannst. Einfach weiter kringeln, dann kann daraus zum Beispiel ein Hund oder eine Blume entstehen.

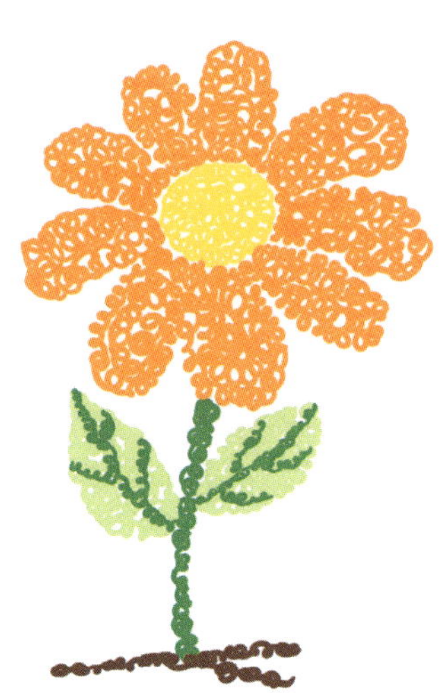

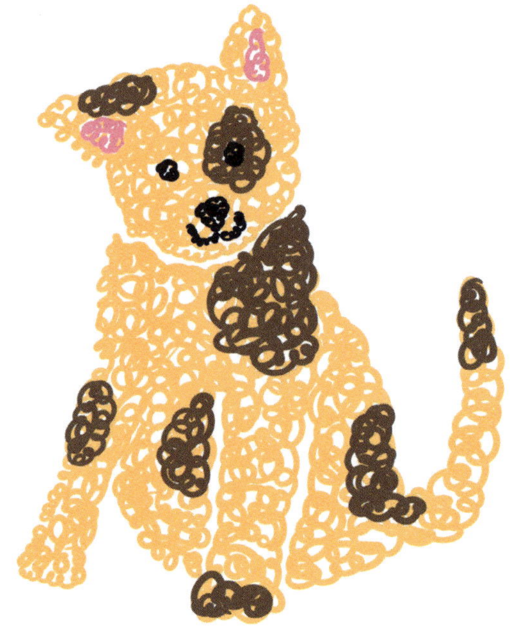

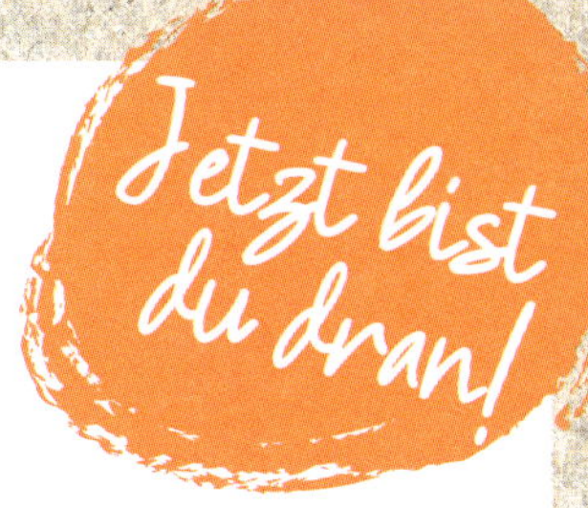

Hier ist eine kleine Aufgabe für deine nächsten Telefonate: Male mit der Kringel-Technik einen süßen Panda, diesen niedlichen Dino und eine leckere Erdbeere.

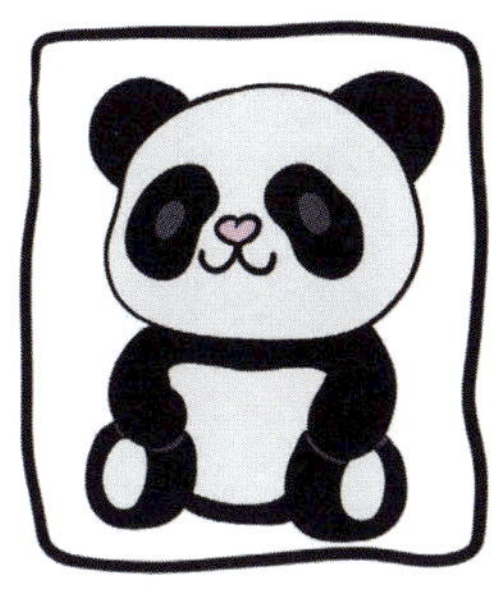

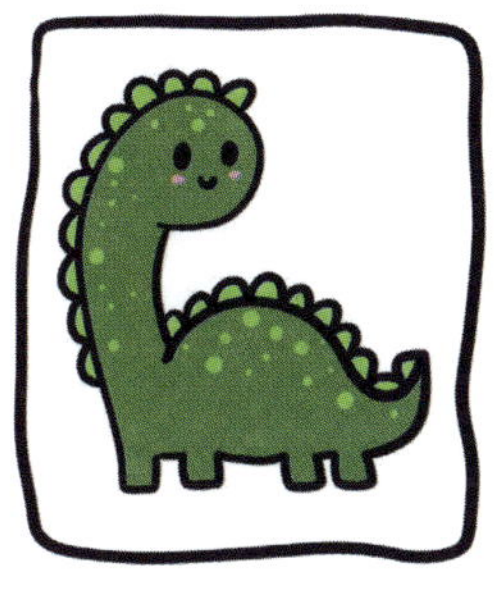

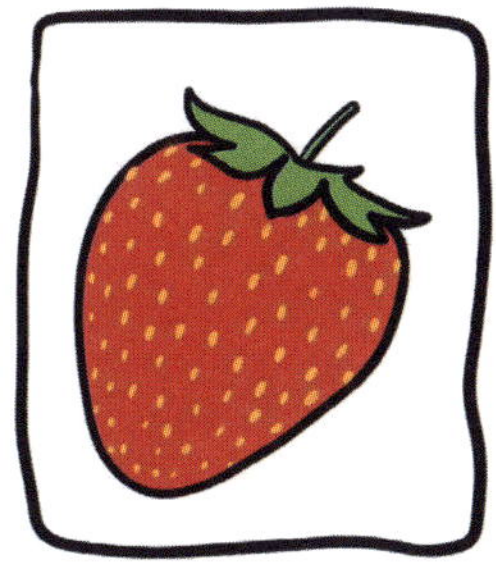

BLUMENMEER

Eine ganze Seite gefüllt mit Blumen – das Endergebnis wird der Hammer! Da du bei dieser Zeichnung sehr genau und klein zeichnen musst, machst du dir an dieser Stelle im Buch am besten eine Markierung. So kannst du die Seite immer direkt aufschlagen und weiterzeichnen, wenn du gerade telefonierst.

SO GEHT'S:

1 Male die Blumen und Blätter ganz nah aneinander. Lücken, die dabei entstehen, füllst du mit Schwarz.

2 Hier sind ein paar Ideen für verschiedene Blumen und Blätter, die du für deine Zeichnung verwenden kannst. Zum Üben kannst du jeweils die hell gedruckten Zeichnungen erst einmal mit deinem Stift nachfahren.

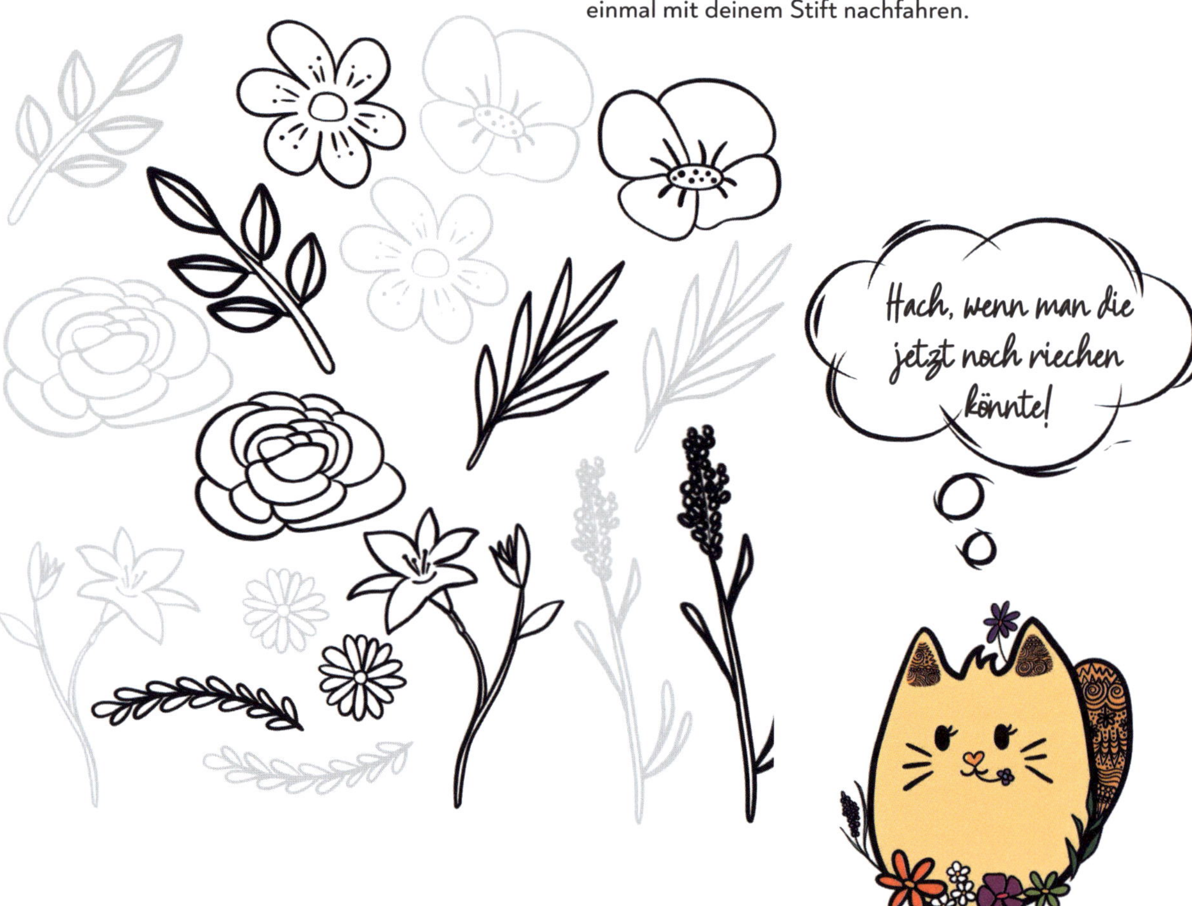

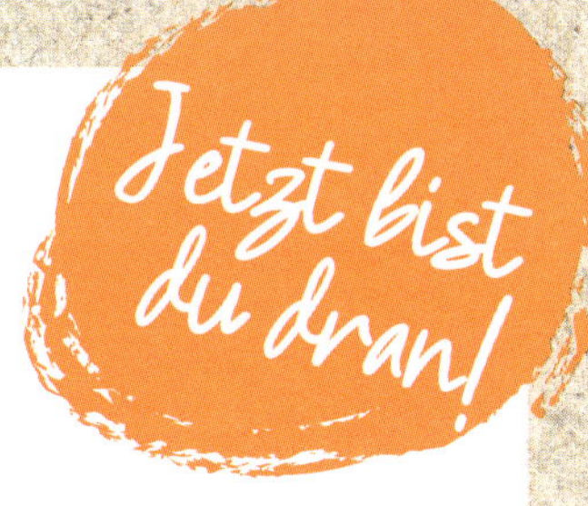

Damit du eine Vorstellung von der Zeichnung bekommst, habe ich hier links oben schon mal für dich angefangen. Viel Spaß beim Weiterzeichnen!

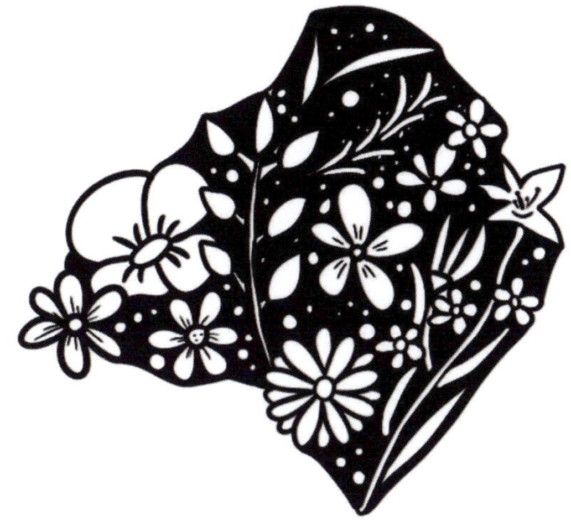

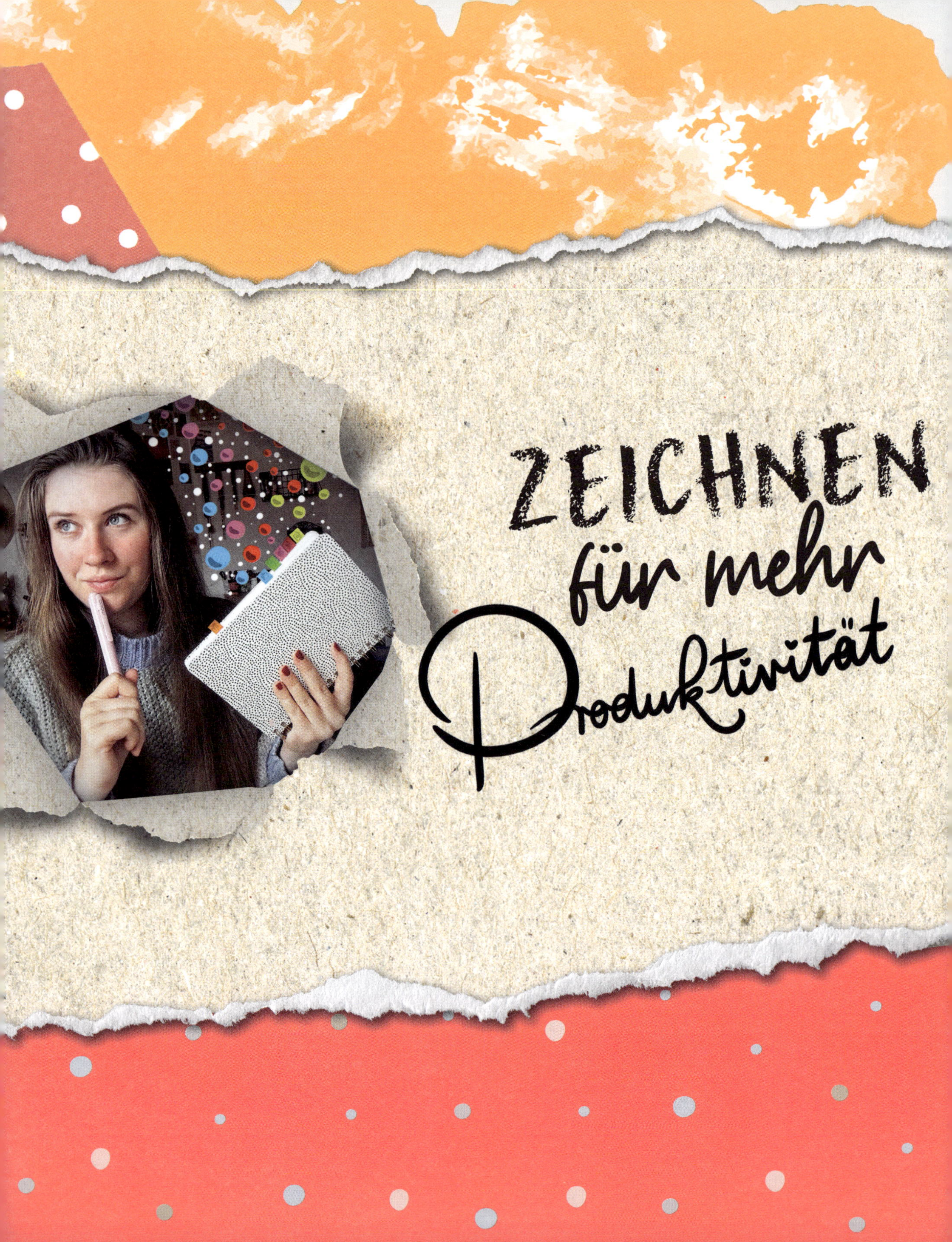
ZEICHNEN
für mehr
Produktivität

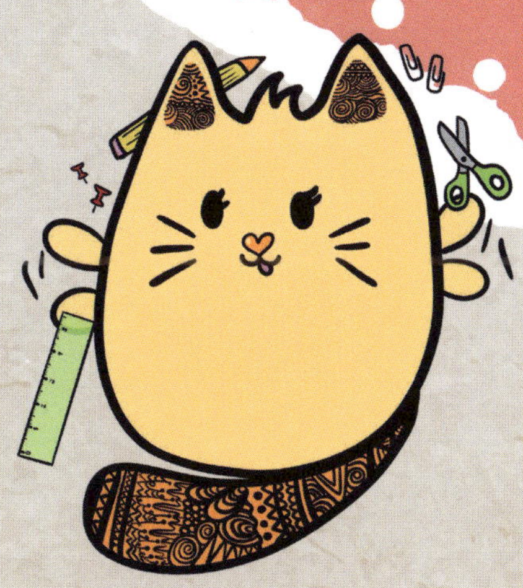

Puh, jetzt noch planen, was du diese Woche zum Essen einkaufen solltest … und eigentlich wolltest du endlich mal damit anfangen, ein neues Hobby wirklich durchzuziehen. Aber irgendwie will das einfach nicht so richtig klappen und die Prokrastination winkt schon wieder von der Sofaecke zu dir rüber?

Egal, ob kleine, motivierende To-do-Listen oder kreativ gebastelte Wochenpläne: Mit dem nächsten Kapitel bekommt dein Leben einen kräftigen Boost in Sachen Produktivität und Organisation. Du wirst sehen, das macht richtig viel Spaß!

HABIT UND
MOOD TRACKER

Hast du schon mal gehört, dass es ungefähr 30 Tage dauert, um sich eine neue Gewohnheit anzueignen? Damit du die eigenen Vorsätze im Alltag nicht vergisst und gleichzeitig siehst, wie erfolgreich du schon bist, ist ein Habit Tracker der perfekte Begleiter. Je hübscher, desto motivierender!

SO GEHT'S:

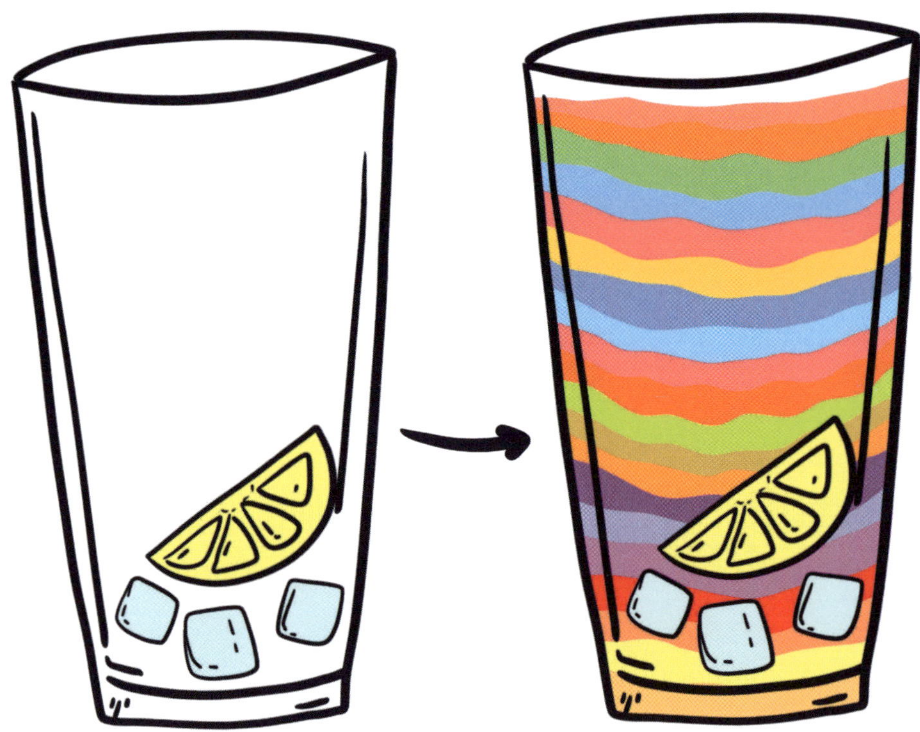

1 Willst du zum Beispiel mehr Wasser trinken, ist dieses Glas eine perfekte Vorlage. An jedem Tag, an dem du dein Ziel erreicht hast, malst du eine farbige Linie in das Glas. Den größten Erfolg erreichst du, wenn du den Habit Tracker an einem Ort anbringst, an dem du oft vorbeikommst. Hänge ihn zum Beispiel an den Kühlschrank oder den Badezimmerspiegel.

2 Ähnlich wie Habit Tracker funktionieren auch Mood Tracker. Der Sinn ist hier aber weniger, sich ein Ziel für die Zukunft zu setzen, sondern noch einmal in die Vergangenheit zu schauen. So ein bisschen Tagebuch im Mini-Format.

Denke immer abends an deinen Tag zurück und trage die dazu passende Farbe ein. Am besten verwendest du immer eine Zeichnung pro Monat.

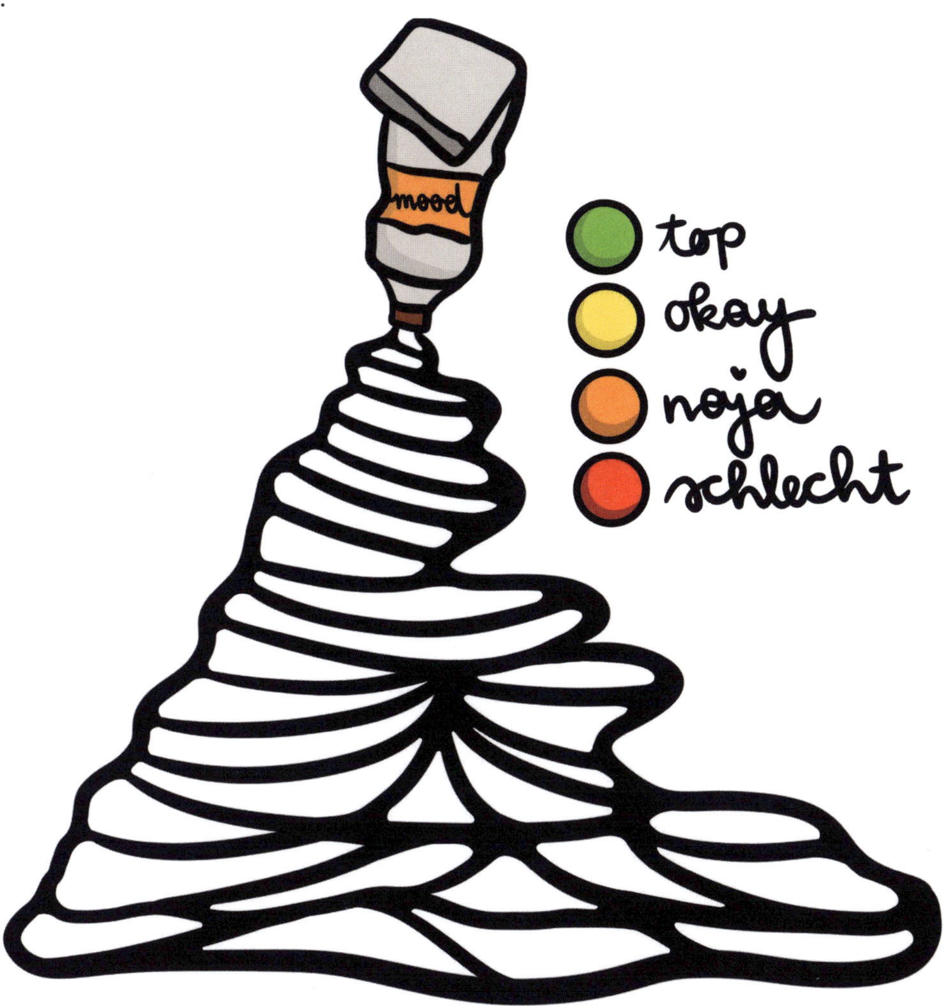

3 Mit dem Tracker kannst du herausfinden, an welchen Tagen du besonders häufig happy oder traurig warst und mit welchen Situationen das verknüpft ist. Das hilft dir dabei, deine Pläne für die Zukunft so umzusetzen, dass in deiner Zeichnung möglichst viel Grün vorhanden ist.

TO-DO-LISTEN

Ein wirklicher Game Changer für deine Produktivität sind To-do-Listen. Erst recht, wenn du diese nicht nur auf ein langweiliges weißes Papier schreibst, sondern deine ganz persönlich designten Listen kreierst.

SO GEHT'S:

VARIANTE 1

Male eine Polaroidkamera, bei der gerade eine fertig geknipste Aufnahme gedruckt wird und oben herausschaut. Das Foto ist der perfekte Platz für deine täglichen To Dos.

Statt auf die Zeichnung zu schreiben, klebst du einfach einen Klebezettel darauf. So kannst du deine Zeichnung immer wieder verwenden und musst nur den Zettel wechseln.

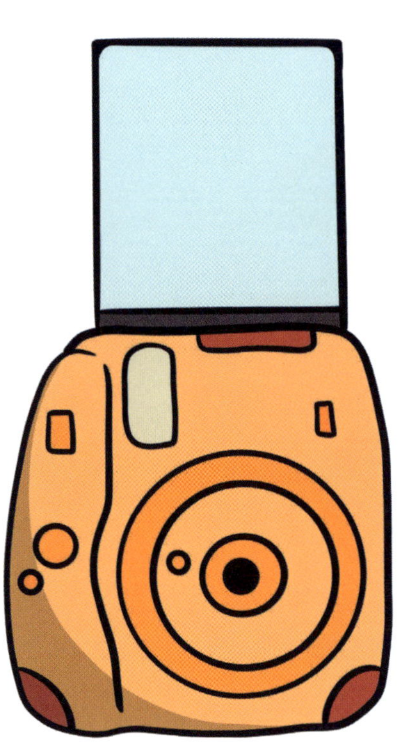

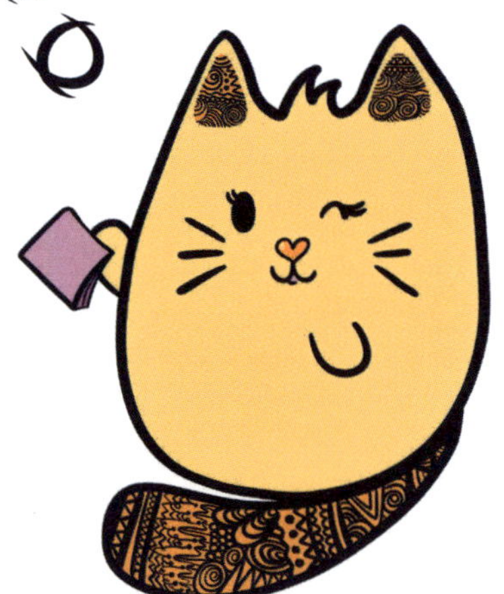

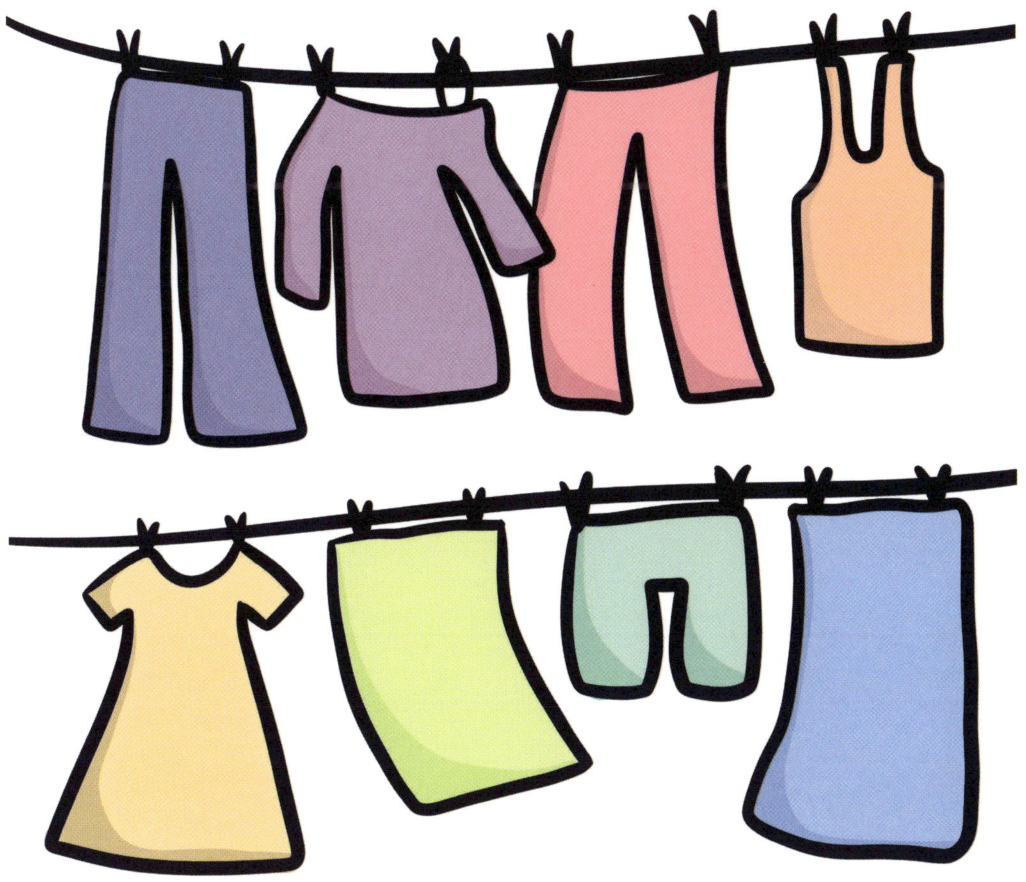

VARIANTE 2

Eine schöne Abwechslung zur Liste, bei der du die einzelnen Punkte von oben nach unten einträgst, ist diese Variante. Hier kann jedes Kleidungsstück ein To Do sein, oder – wenn du die Teile etwas größer zeichnest – kannst du deine To Dos auch nach Themen sortieren.

Schreibe auf deine täglichen To-Do-Listen nicht zu viele Punkte, damit du motiviert bleibst.

to do

WOCHENPLAN
MIT KNÖPFEN

Ab heute kannst du für den Sonntagabend ein tolles Ritual einführen. Mit diesem Wochenplan hast du immer die perfekte Übersicht, was du in der nächsten Woche kochen möchtest, was alles geplant ist oder wer Geburtstag hat. Das Beste: Du kannst ihn jede Woche wieder verwenden und neu bestücken.

DU BRAUCHST:

einen Bilderrahmen • Stifte und Papier • Schere • Bastelkleber
Faden • Locher • sieben Knöpfe

SO GEHT'S:

1 Beschrifte ein Blatt Papier mit „Wochenplan“ und den Wochentagen und lege es in den Bilderrahmen ein.

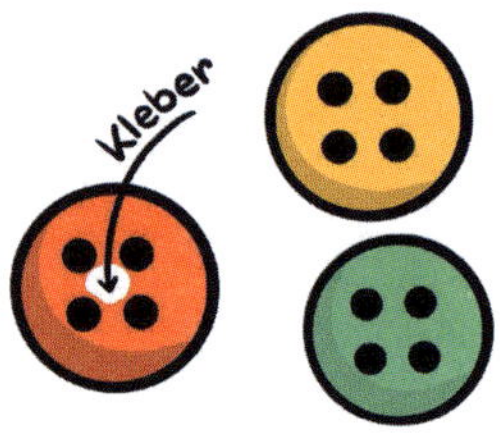

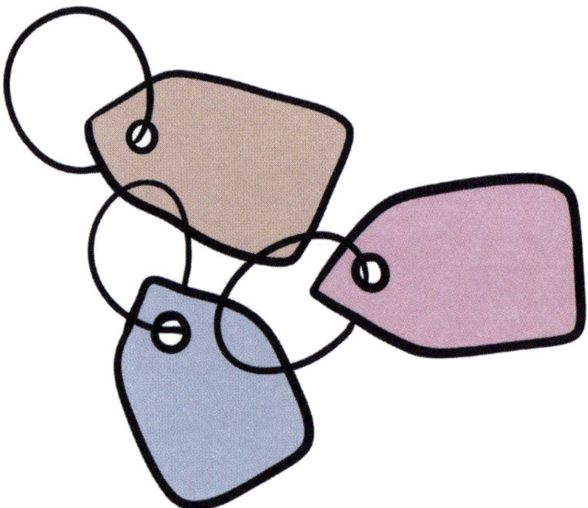

2 Klebe die sieben Knöpfe jeweils zu einem Wochentag. Klebe die Knöpfe dabei nur in der Mitte an, damit du später noch den Faden darüberhängen kannst.

3 Schneide dir nun pro Wochentag ein Stück Papier wie auf der Abbildung zurecht, knipse ein Loch hinein und knüpfe einen Faden daran.

4 Stelle oder hänge den Bilderrahmen an einen gut sichtbaren Platz. Beschrifte die Anhänger für jeden Tag jetzt mit dem Essensplan oder den To Dos der kommenden Woche und hänge sie über die Knöpfe. Für mehr Übersicht kannst du am Abend immer den erledigten Tag abhängen.

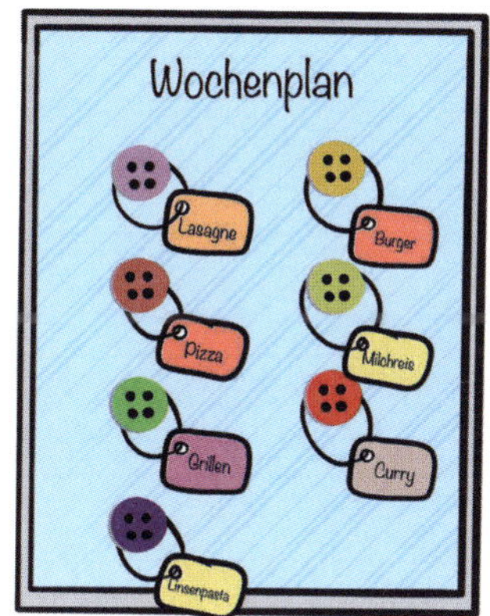

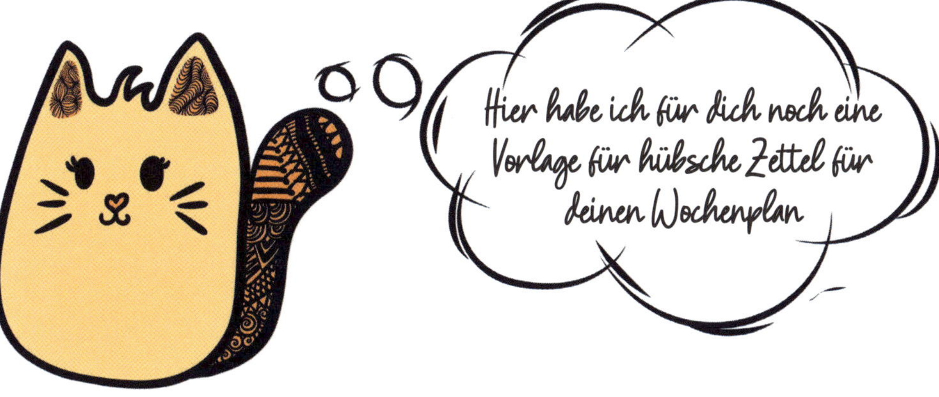

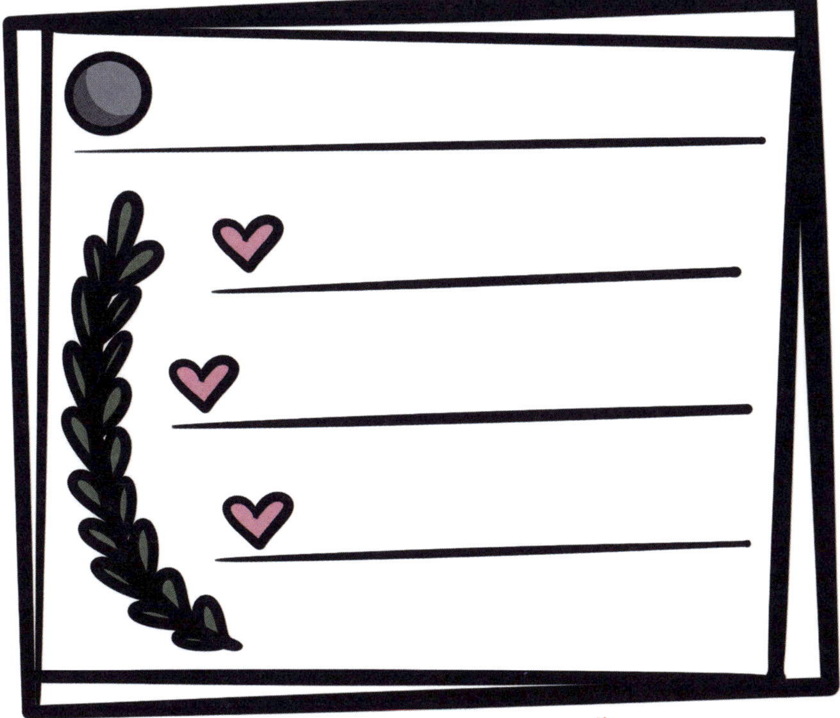

DAS 15-MINUTEN-GLAS

Fällt es dir schwer, dich aufzuraffen und den inneren Schweinehund zu überwinden, dann ist das 15-Minuten-Glas perfekt. Du kannst es nach und nach befüllen, oder direkt auf einmal.

DU BRAUCHST:

ein Gefäß, zum Beispiel ein altes Marmeladenglas
Acrylfarben • Zettel • Stifte

SO GEHT'S:

1 Bemale das Glas und lass es gut trocknen. Auf der nächsten Seite findest du vier Ideen, wie du es bemalen kannst.

2 Nimm die kleinen Zettel und schreibe auf jeden eine Aufgabe, die dir immer wieder begegnet, aber auch gern immer wieder liegenbleibt. Zum Beispiel: den Schreibtisch aufräumen, Müll rausbringen, Abstauben, Fenster putzen, Nachrichten beantworten. Die Aufgaben kannst du auch allgemeiner formulieren. Zum Beispiel: etwas im Schlafzimmer aufräumen/abstauben, etwas für liebe Menschen basteln/schreiben, etwas im Badezimmer putzen/...

3 Falte die Zettel und wirf sie in dein neues 15-Minuten-Glas.

4 Das Prinzip: Immer, wenn du produktiv sein möchtest, aber nicht weißt, womit du anfangen sollst oder dich einfach nicht überwinden kannst, ziehst du einen Zettel aus dem Glas. Deine Regel: Egal, welche Aufgabe du ziehst, du machst sie für genau 15 Minuten. Stell dir dafür am besten einen Timer!
Oft hast du damit schon die erste Hürde überwunden und du führst die Aufgabe automatisch zu Ende. Oder du machst sogar noch ein bisschen mehr, obwohl die 15 Minuten schon abgelaufen sind. Und wenn nicht, hast du trotzdem 15 Minuten geschafft. Besser als gar nichts!

Vier Ideen, wie du dein 15-Minuten-Glas bemalen kannst:

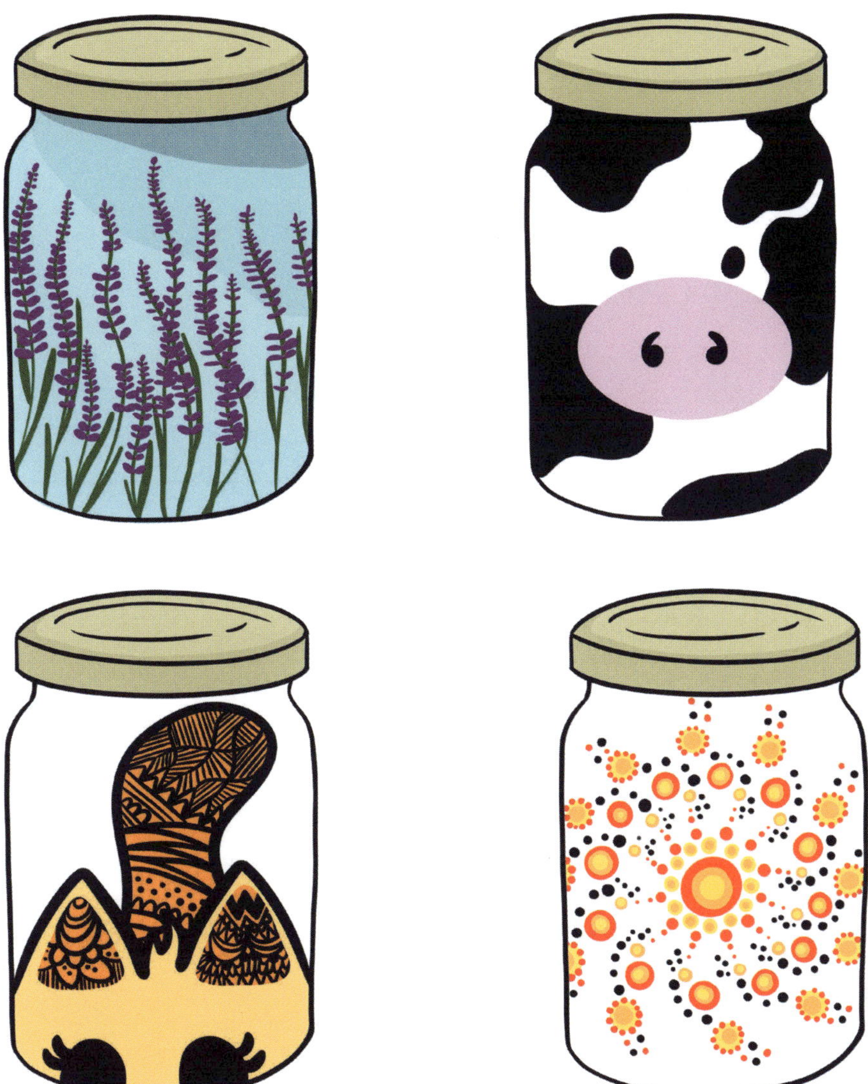

Die Gläser kannst du auch als Sammelgläser benutzen, wenn du eine neue Angewohnheit verinnerlichen möchtest. Zum Beispiel, jeden Tag dein Bett zu machen. Jedes Mal, wenn du es geschafft hast, wirfst du eine Perle, einen Pompon oder einen Papierschnipsel ins Glas. Wie schnell schaffst du es, das Glas zu füllen?

WOLKENBILDER

Diese Übung hilft dir dabei, dich zu fokussieren. Gerade für größere Aufgaben ist diese Übung perfekt, weil du damit eine Übersicht über die vielen kleinen Schritte bekommst, die fürs große Ganze wichtig sind.

SO GEHT'S:

Zeichne dir die große Aufgabe als Wolke auf. Jede Unteraufgabe wird zum Regentropfen. Immer, wenn du einen Teil geschafft hast, kannst du den oder die Tropfen ausmalen und weißt so immer, wie gut du vorankommst.

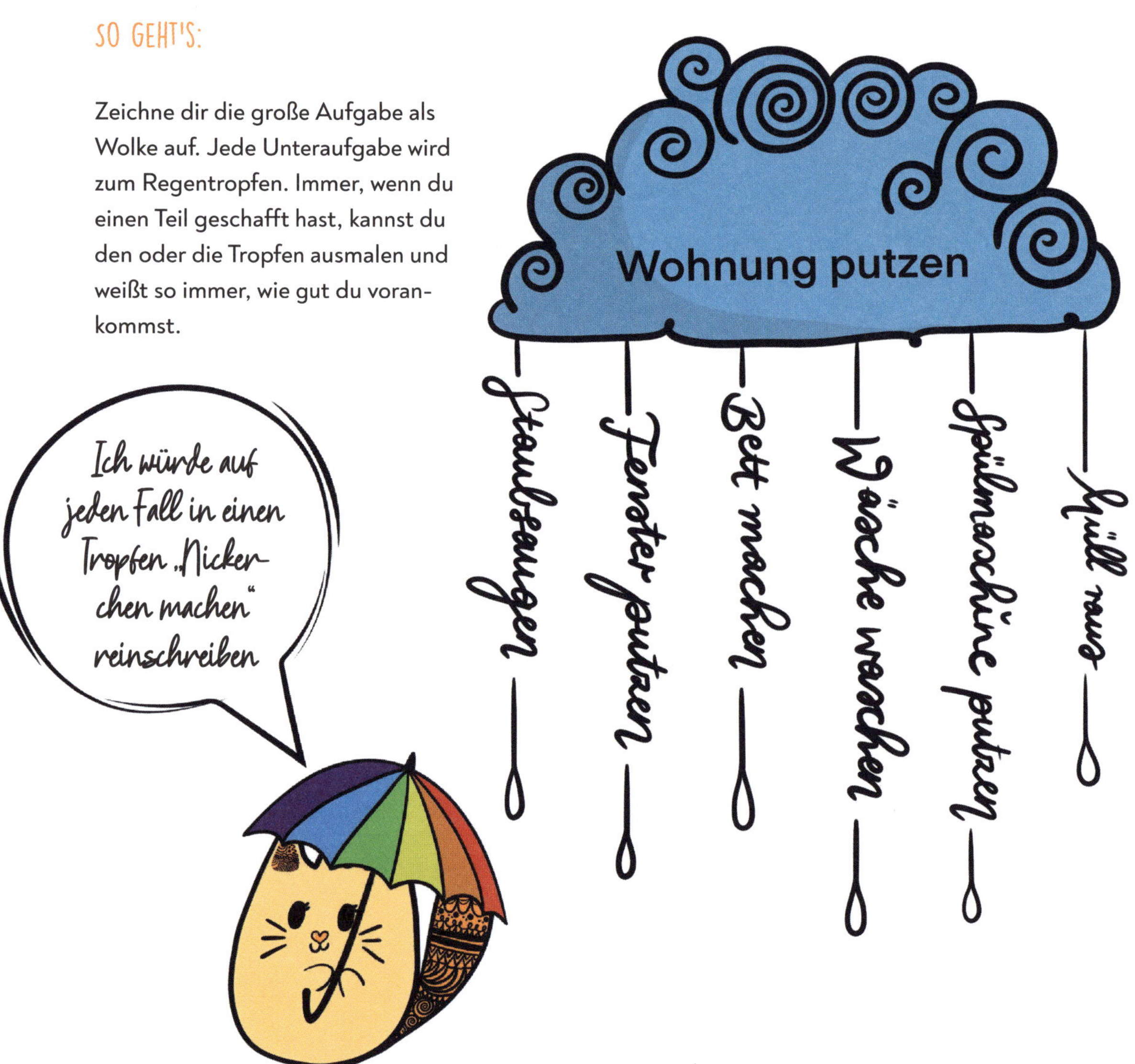

VOLLE KONZENTRATION

Du musst dich auf eine Aufgabe konzentrieren, aber ertappst dich, wie du ständig am Handy bist und deine Nachrichten checkst? Dann kommt hier deine Rettung. Bring dein Handy in ein anderes Zimmer und leg das Buch mit dieser Seite neben dich.

SO GEHT'S:

Jedes Mal, wenn du merkst, dass du gerne ans Handy gehen würdest oder dass deine Konzentration nachlässt, nimmst du deinen Stift und malst einige Herzen auf diese Seite. Ganz analog auf Papier zu zeichnen verschafft dir eine kurze Pause, ohne dass es dich zu stark ablenkt. Füll die Seite, bis kein Platz mehr ist. Wie schön es am Ende wohl aussieht!

Jetzt bist du dran!

ÜBERSCHRIFTEN

Lass mich raten: Da du dieses Buch ausgesucht hast, geht es dir mit großer Wahrscheinlichkeit genau wie mir: Je schöner etwas gestaltet ist, desto motivierter und produktiver bist du.

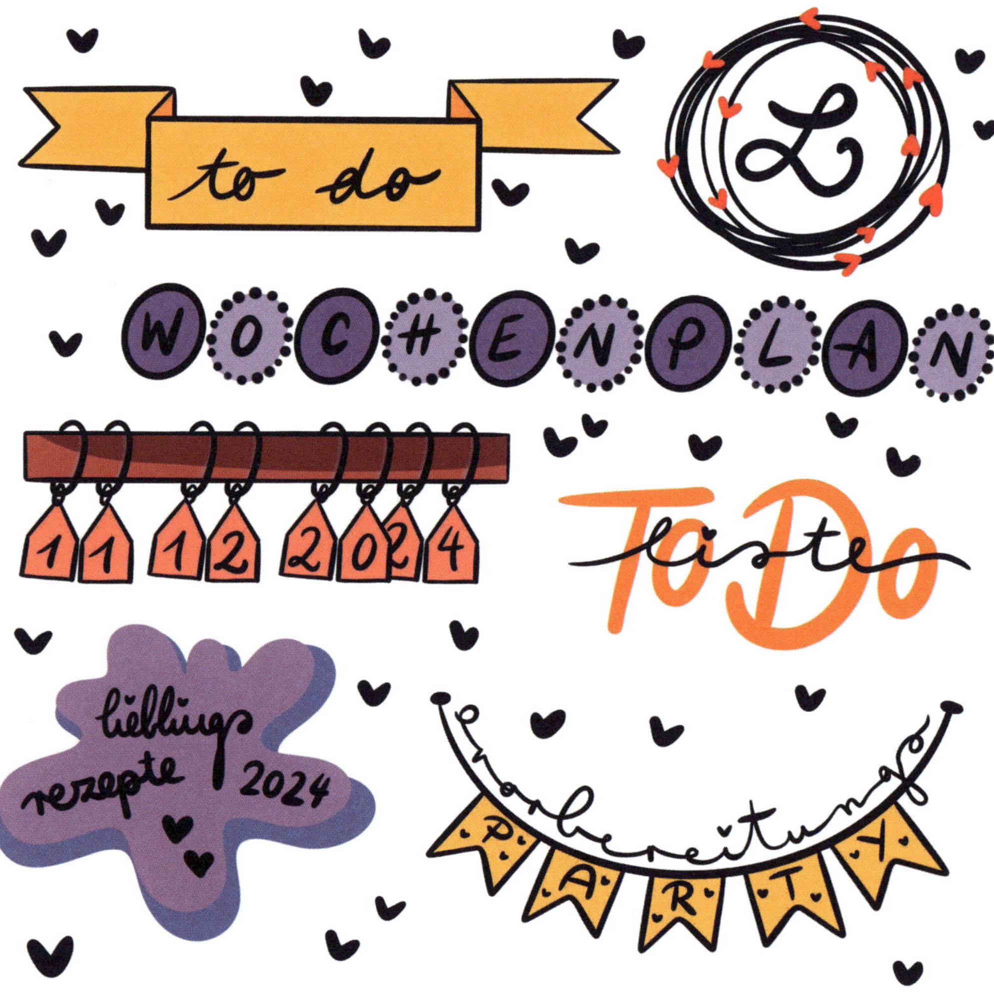

Jetzt bist du dran!

Damit du für deine Listen, Lernzettel oder Notizen in Zukunft richtig schöne Überschriften parat hast, habe ich links einige Vorschläge für dich. Hier hast du auch direkt Platz zum Üben.

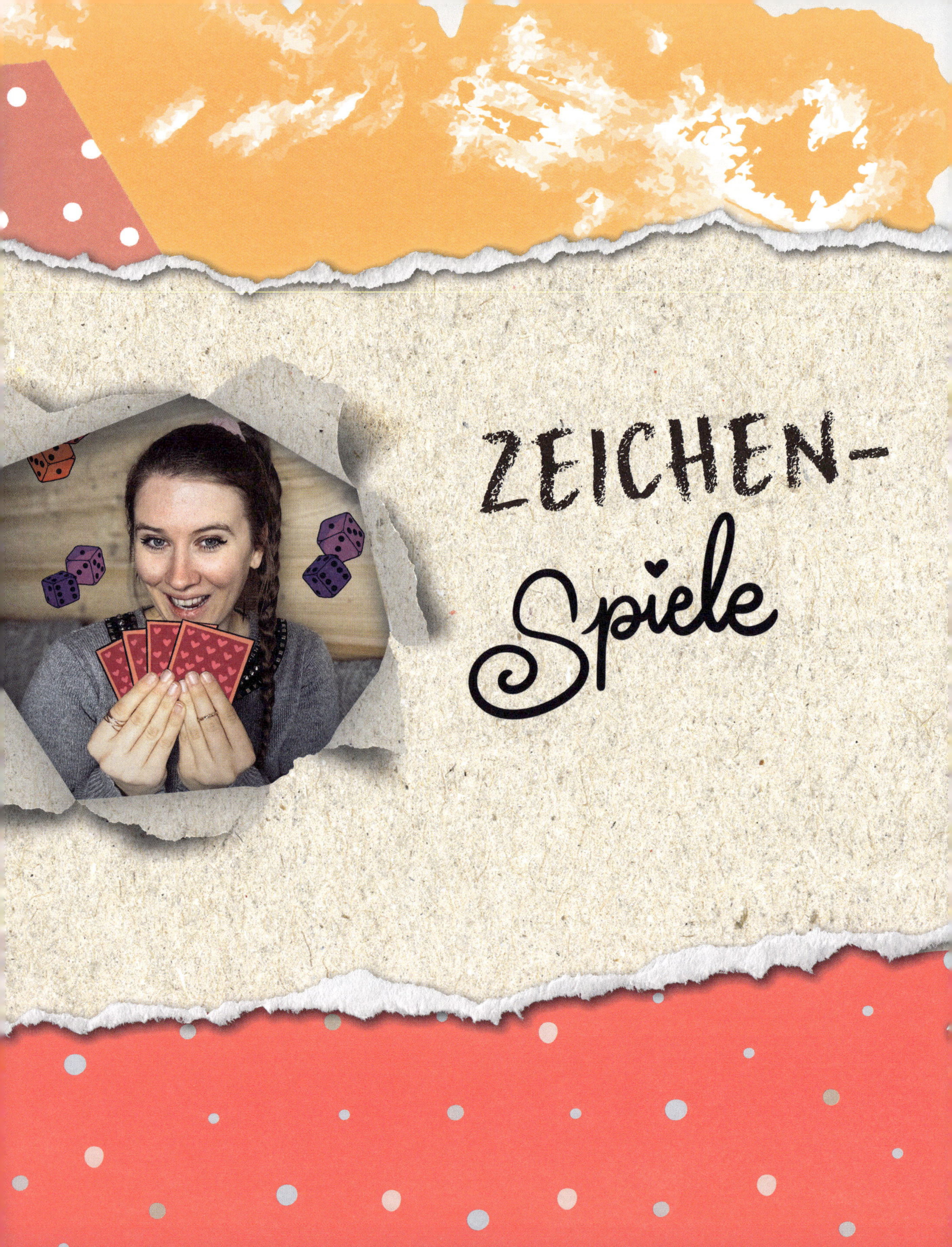

ZEICHEN-Spiele

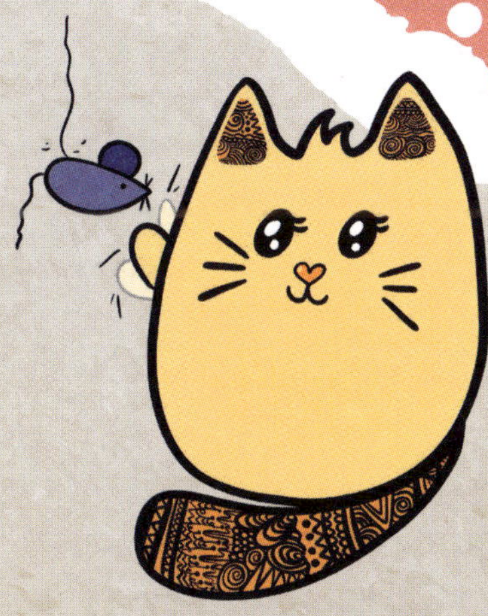

Du brauchst nicht immer große Spiele zu kaufen oder die Konsole anzuschmeißen, um mit deinem Freundeskreis lustige Spiele zu spielen. Oft reichen schon ein Blatt Papier und ein paar Stifte, um den Spielspaß zu starten. Die Spiele im nächsten Kapitel eignen sich besonders gut, wenn du extra Spaß in eure Übernachtungspartys bringen willst, die Freistunde überbrücken musst oder gerade gemütlich am See liegst.

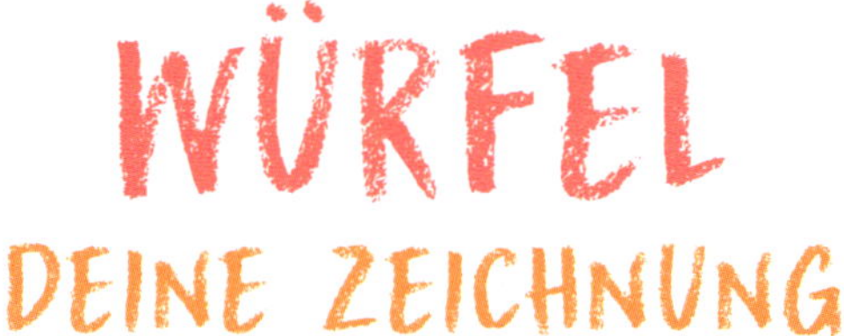

WÜRFEL DEINE ZEICHNUNG

Dieses Zeichenspiel funktioniert perfekt alleine, zu zweit und auch in einer größeren Gruppe.

DU BRAUCHST:

ein Blatt Papier • farbige Stifte • zwei Würfel

SO GEHT'S:

1 Lege zuerst für jede mögliche gewürfelte Zahl (also von 2 bis 12) eine bestimmte Sache fest, die gezeichnet werden muss. Das kann ganz konkret sein, wie etwa „ein Haus“ oder auch abstrakter wie zum Beispiel „etwas Viereckiges“.

2 Jetzt würfelt ihr der Reihe nach. Jede:r muss auf das Blatt Papier etwas zeichnen, das sowohl zur Würfelzahl als auch zum bereits Gezeichneten passt.

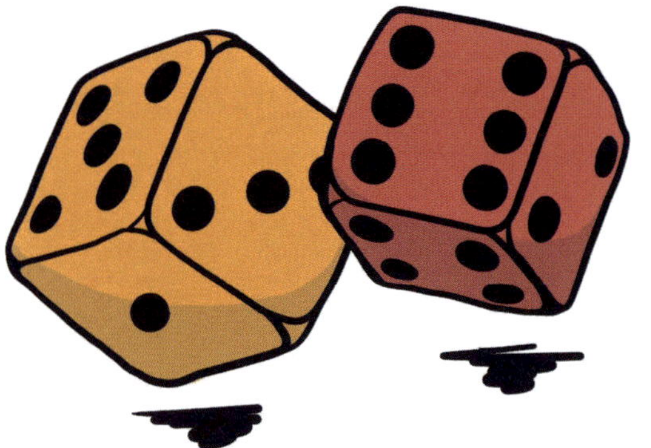

3 Je weiter das Spiel fortschreitet, desto schwieriger – und lustiger! – wird es, die Aufgaben sinnvoll in das bestehende Bild zu zeichnen. Da ist Kreativität gefragt!

4 Das Spiel ist vorbei, sobald niemand mehr etwas Passendes im Bild unterbringen kann. Wer als letzter etwas Sinnvolles zeichnen konnte, gewinnt das Spiel.

Hier ist ein Vorschlag, wie die Aufgabenstellung für die einzelnen Würfelzahlen aussehen könnte:

2: ein Tier
3: ein Muster
4: eine Lichtquelle
5: etwas Schwarzes
6: Augen
7: ein Fahrzeug
8: Wasser
9: etwas Längliches
10: etwas Blaues
11: eine Pflanze
12: etwas Bewegliches

Jetzt bist du dran!

Hier habe ich für die erste Runde schon einmal eine kleine Szene vorgezeichnet. Hol die Würfel und versuche so lange allein oder mit netten Menschen zu spielen, wie es geht.

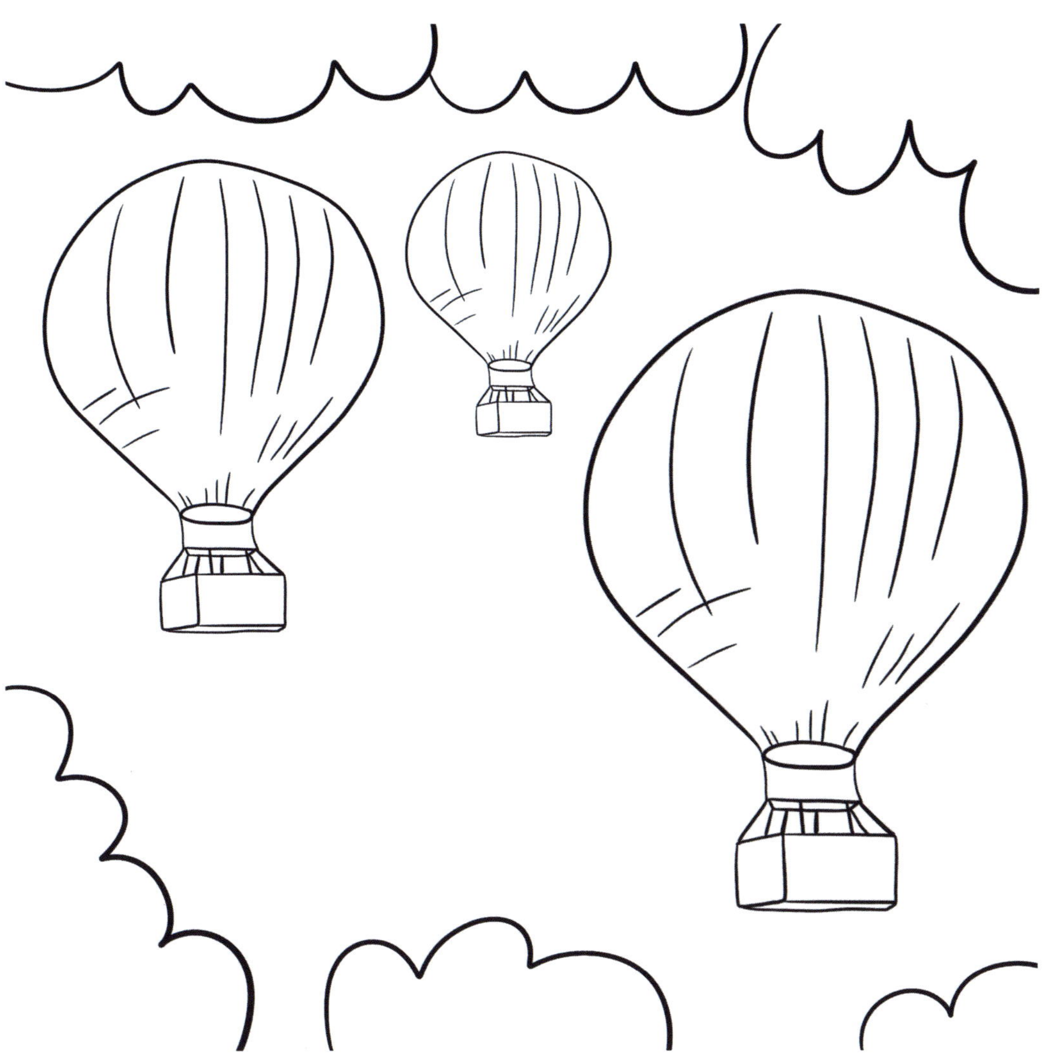

ART NIGHT

Lade deinen Freundeskreis zu einer ganz besonderen Art Night ein! Für diesen Abend bekommt jede:r einen Buchstaben zugelost. Das könnt ihr im Vorfeld gemeinsam machen oder du legst es fest, wenn du die Einladungen verschickst.

Jede:r darf jetzt nur Dinge zum Zeichnen und Basteln mitbringen, die mit dem zugelosten Buchstaben beginnen. Beim Buchstaben B könnten das zum Beispiel sein: Buntstift(e), blaue Farbe, Babypuder, Brotkrümel, Brühe, Bier, Bastelkleber, Blush, ...

SO GEHT'S:

Am Tag der Art Night bereitest du einen Tisch vor, den du mit einer Unterlage, zum Beispiel Zeitungspapier, abdeckst, damit ihr nicht aufpassen müsst, falls etwas danebengeht.
An jeden Platz legst du ein Blatt Papier, am besten im Format DIN A3. Alternativ kannst du es auch noch etwas exklusiver gestalten, indem du für jede:n eine Leinwand besorgst.

Und dann darf sich jeder Gast mit seinen mitgebrachten Materialien auf dem Papier oder der Leinwand kreativ austoben!
Bereite dazu leckeres Essen und Getränke vor und habt eine tolle Fun Art Night.
Als extra Special kannst du deine Gäste vorab noch bitten, die Farben ihrer Kleidung nach dem zugelosten Buchstaben auszusuchen.

Schwierige Buchstaben wie Q, X, Y, lässt du am besten weg

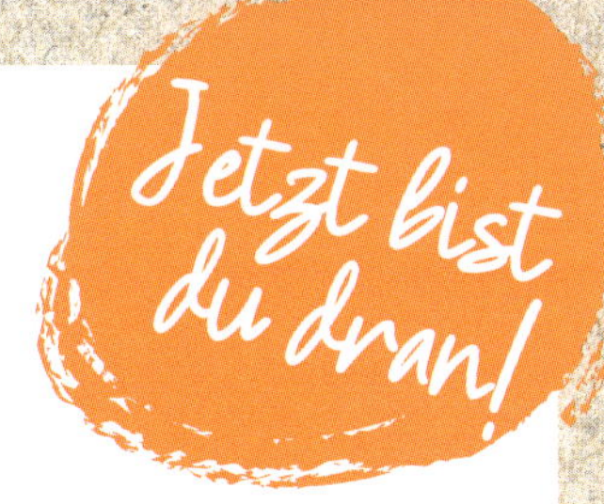

Hier habe ich eine Vorlage für deine Einladung zur Special Art Night vorbereitet.

EINLADUNG

ZU EINER SPECIAL ART NIGHT

Am: ____________________

Dich erwartet ein toller Abend mit ganz viel Kreativität, Essen, Trinken und guter Laune. Eine Leinwand zum Zeichnen steht auch für dich bereit. Alles, was du mitbringen musst, sind Dinge, mit denen du zeichnen, malen und basteln willst.

Einzige Bedingung: Alle Dinge müssen mit folgendem Buchstaben beginnen:

____

Ich bin sooo gespannt, was du dir einfallen lässt und mitbringst.

Ich freu mich auf dich!

Deine

____

FOTO-VORLAGE

Das nächste Spiel könnt ihr ganz gechillt spielen oder mit richtig Action verbinden. Jeder Mitspieler braucht dafür ein Foto – es sollte zu einem bestimmten Thema passen, welches ihr euch am Anfang ausdenkt. Zum Beispiel Urlaub, Natur, Verliebtsein, im Weltall, Freundschaft, Geheimnis, ...

Ihr könnt entweder ein Foto nehmen, das ihr schon zu Hause habt, ein altes ausdrucken oder ihr zieht zuerst nochmal los und knipst draußen ein paar Bilder.

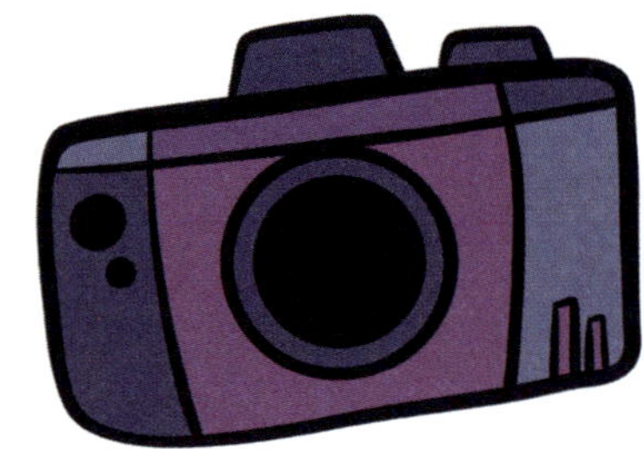

SO GEHT'S:

1. Klebt das ausgedruckte Foto auf ein weißes Blatt Papier und gebt es anschließend an einen anderen Mitspielenden weiter.

2. Ruft euch noch einmal das Thema in Erinnerung, das ihr gewählt habt. Nun malt jede:r auf und um das erhaltene Foto passend zum Thema eigene Vorstellungen. Lasst neue Welten entstehen und seid kreativ!

3. Setzt euch ein Zeitlimit, zum Beispiel 30 Minuten. Nach dem Ablauf der Zeit legt ihr alle Bilder in die Mitte. Nun darf jede:r Punkte von 1 bis 9 verteilen, wobei 9 für die beste Bewertung steht. Ihr könnt die Bewertung auch gern anonym mit Zetteln vornehmen.

4. Wer die meisten Punkte bekommen hat, hat gewonnen.

Du möchtest dieses Spiel gern spielen, bist aber gerade allein? Ich habe auf der nächsten Seite ein Foto ausgesucht und dir eine Aufgabe zum Zeichnen gestellt.
Drehe dafür das Buch und male drauflos!
Wenn du fertig bist, kannst du mir gern ein Foto davon per Instagram Nachricht schicken.

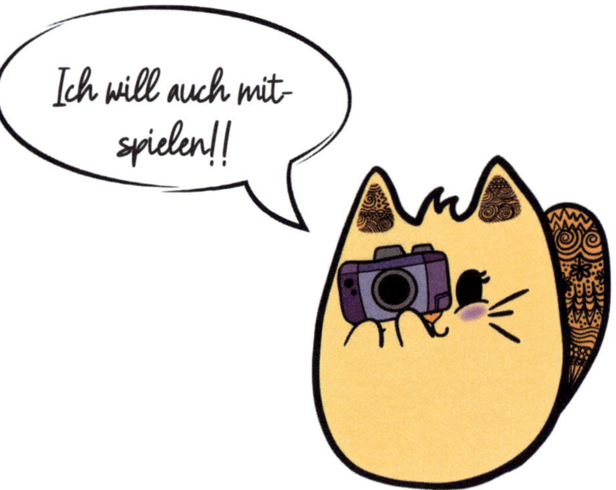

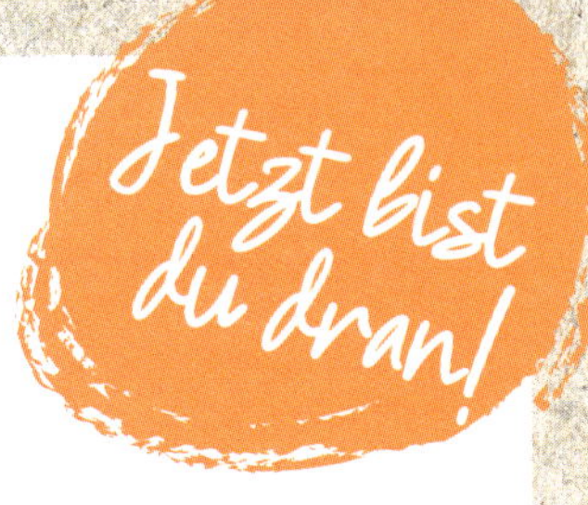

Mein Thema für dich: WELTALL! Werde kreativ und male auf das Foto und drumherum Planeten, Sterne, Ufos, Aliens, ...

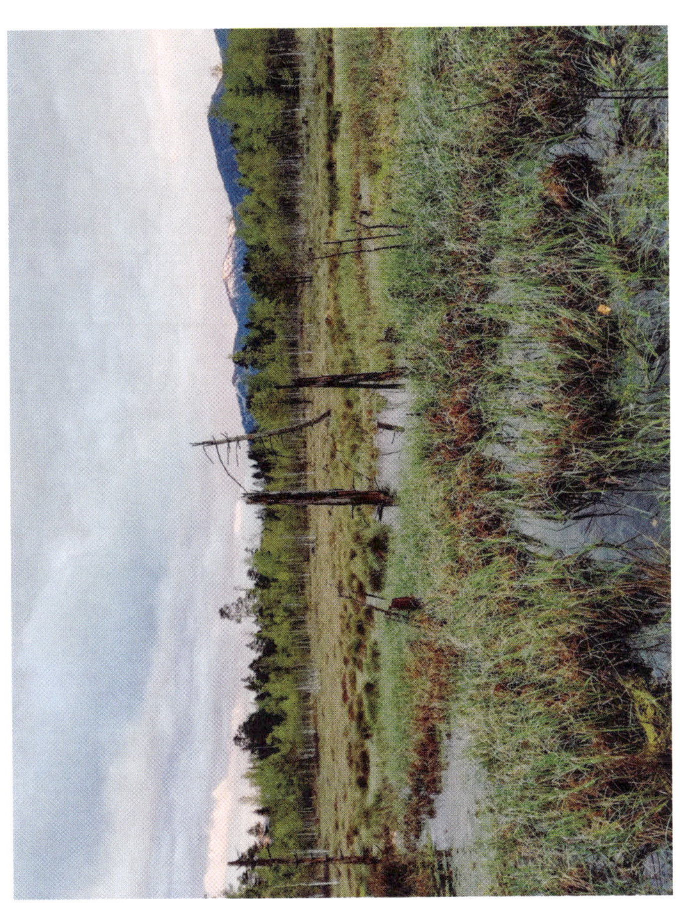

BLUMENCHIPS

Dieses Spiel kannst du zu zweit, aber auch in einer großen Gruppe spielen. Du brauchst dafür die 16 Blumen, die auf der nächsten Seite abgebildet sind. Schneide sie aus oder kopiere die Seite. Du kannst die Blumen auch selbst auf ein leeres Blatt Papier malen oder zeichnen.

Schneide die Blumen aus und gib sie in einen blickdichten Beutel, sodass ihr blind ziehen könnt. Ist kein Beutel vorhanden, nehmt einen Hut, eine Schüssel oder ein Glas und legt ein Tuch darüber.

SO GEHT'S:

1. Es beginnt, wer zuletzt frische Blumen gekauft hat/zu Hause hatte.
2. Wer dran ist, zieht eine Blume aus dem Beutel, führt die Zeichenaufgabe aus, die zur Farbe auf der Blume gehört und legt die Blume vor sich ab. Die Bedeutung der Farben findest du auf Seite 127.
3. Für jede Zeichenaufgabe habt ihr eine Minuten Zeit.
4. Wer als erstes errät, was gezeichnet wurde, bekommt einen Punkt.
5. So geht es reihum im Uhrzeigersinn weiter, bis alle Blumen aufgebraucht sind.
6. Drei Blumen einer Farbe bringen einen Extrapunkt.
7. Am Ende zählt jede:r die gesammelten Punkte, die durch das Erraten der Zeichnungen zusammengekommen sind, plus die Punkte auf seinen Blumen und eventuelle Extrapunkte durch drei gleiche Farben.
8. Wer die meisten Punkte gesammelt hat, gewinnt das Spiel und darf die nächste Runde beginnen.

Mach am besten ein Foto von den Blumen und den Regeln. So hast du das Spiel immer dabei und ihr könnt immer und überall Blumen zeichnen, ausschneiden und direkt losspielen.

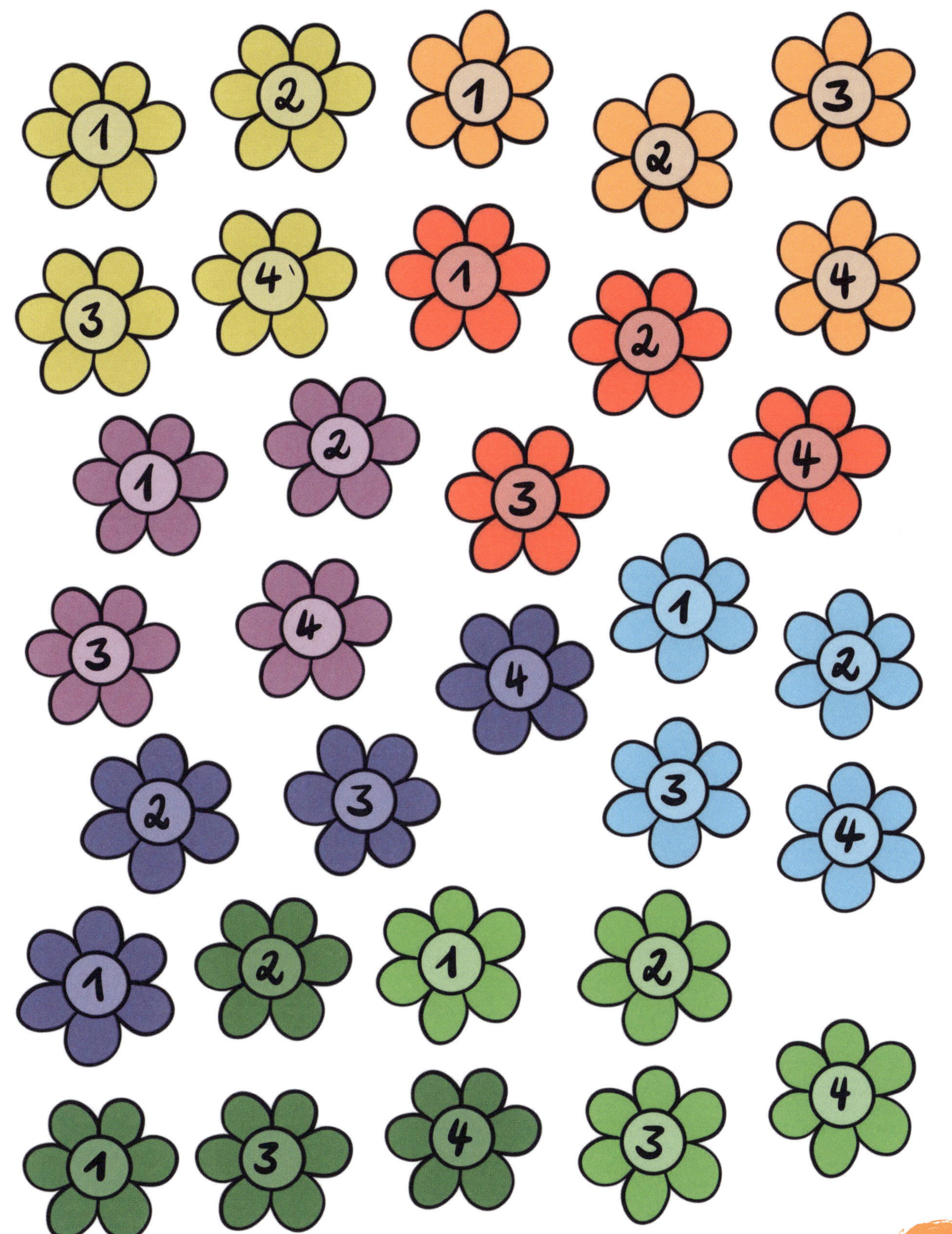
1
2
1
2
3
3
4
1
2
4
1
2
3
4
3
4
4
1
2
2
3
3
4
1
2
1
2
1
3
4
3
4

= Mit der ungeübteren Hand zeichnen

= In die Luft zeichnen

= Mit den Füßen zeichnen

= Stift mit beiden Händen halten

= Blind zeichnen

= Zeichnen, während du ein Lied singst

= Mit dem Mund zeichnen

= Hinter dem Rücken zeichnen

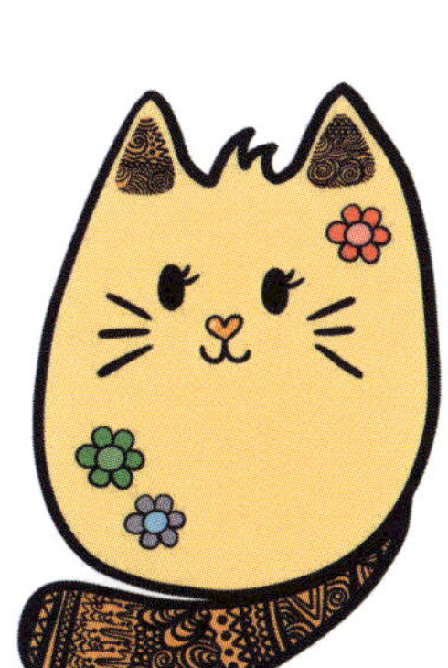

Wenn ihr mehr als vier Spieler seid, fertigt einfach die doppelte Menge Blumen an

STRICHE SCHIESSEN

Wenn du schon zu oft Käsekästchen oder Schiffe versenken gespielt hast, dann probiere doch mal dieses Spiel aus. Es funktioniert ab zwei Mitspielenden.

DU BRAUCHST:

das aufgezeichnete Spielfeld
zwei verschiedenfarbige Stifte

Ihr könnt zu zweit oder in Teams spielen und euch immer abwechseln.

SO GEHT'S:

1. Male das Spielfeld aufs Papier.

2. Jede:r – oder jedes Team – sucht sich eine Stiftfarbe aus.

3. Gespielt wird abwechselnd. Setzt euren Stift auf einen der Kreise auf eurer Teamseite, drückt ihn mit der Hand senkrecht aufs Papier und lasst ihn einmal nach vorne hüpfen. Je nachdem wie fest ihr drückt, oder mit wie viel Schwung ihr den Stift nach vorne zieht, schafft ihr kürzere oder längere Striche. Schafft ihr es mit eurer Linie über die Mittellinie, bekommt ihr einen Punkt.

4. Das Spiel geht so lange, bis jedes Team von jedem Kreis einen Strich „abgeschossen" hat.

5. Dann wird nachgezählt. Das Team mit den meisten Strichen über der Mittellinie hat gewonnen.

So könnte das Spielfeld am Ende aussehen:

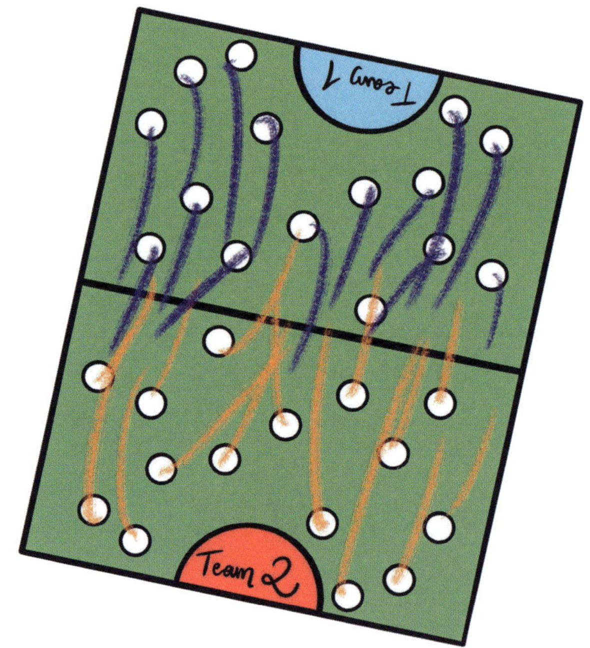

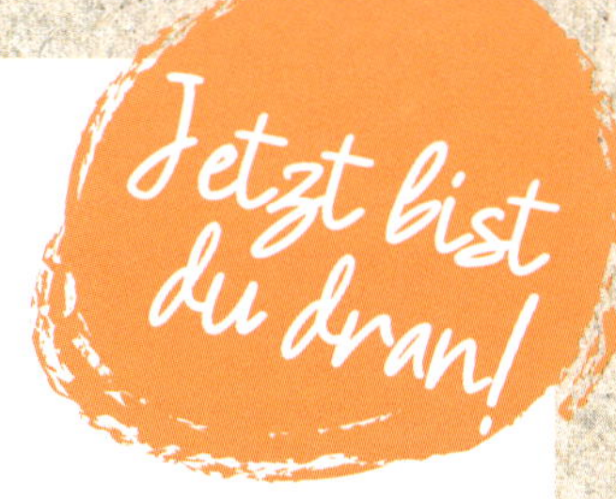

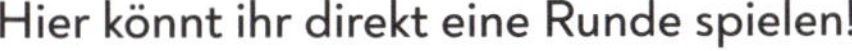

Hier könnt ihr direkt eine Runde spielen!

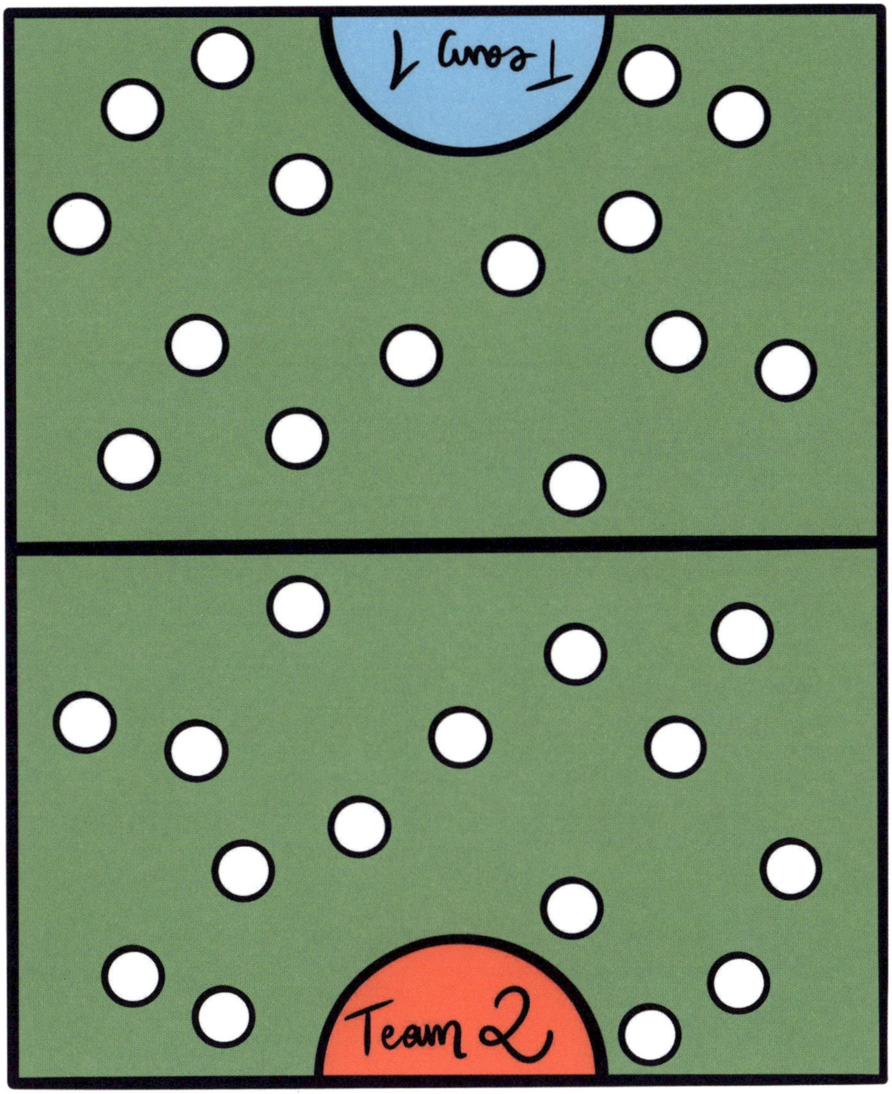

Team 1

Team 2

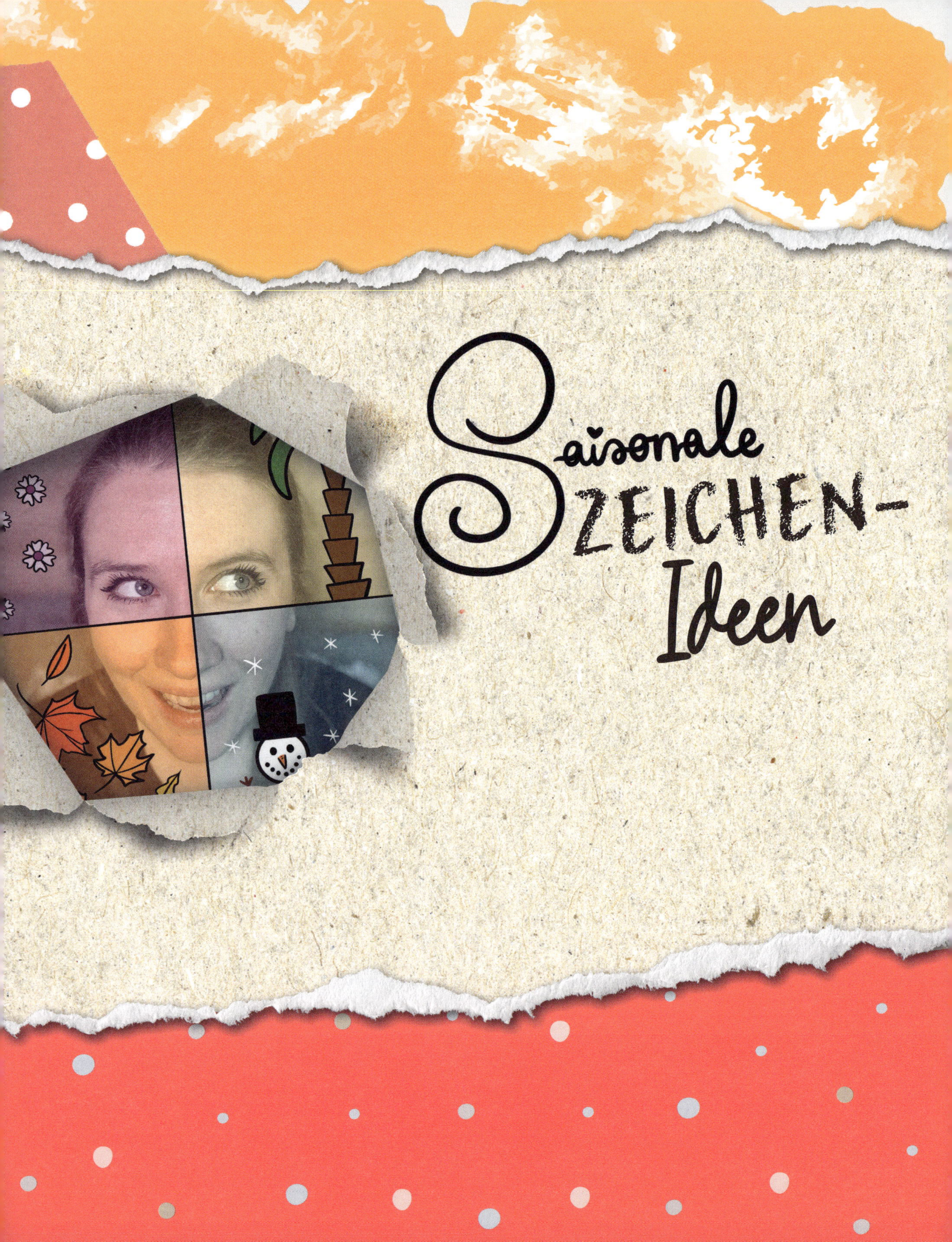

Saisonale ZEICHEN-Ideen

Was gibt es Schöneres, als passend zur aktuellen Jahreszeit zu zeichnen! Deine kreativen, selbstgemachten Zeichnungen und Bastelideen kannst du dann noch hervorragend als Dekoration in deiner Wohnung verteilen oder verschenken.

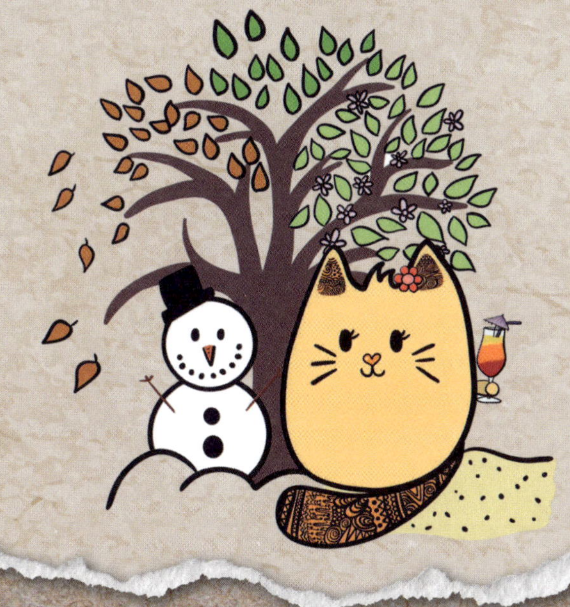

OSTERKARTEN

Ab jetzt wirst du immer die süßesten Osterkarten verschenken! Für beide Varianten brauchst du deinen Daumen oder den kleinen Finger, Filzstifte oder Acrylfarbe, einen dünnen schwarzen Stift und festeres Papier. Bemale oder bepinsele jetzt deinen Finger mit Farbe und drücke ihn dann fest aufs Papier. Mit Acrylfarbe klappt das besonders gut, aber auch mit Filzstiften schafft man einen Abdruck.

VARIANTE 1: SÜSSE KÜKEN

Nimm für die Küken am besten deinen Daumen. Lasse die Farbe dann gut trocknen. Ein paar wenige Striche und ein fröhlicher Schriftzug machen deine Osterkarte perfekt.

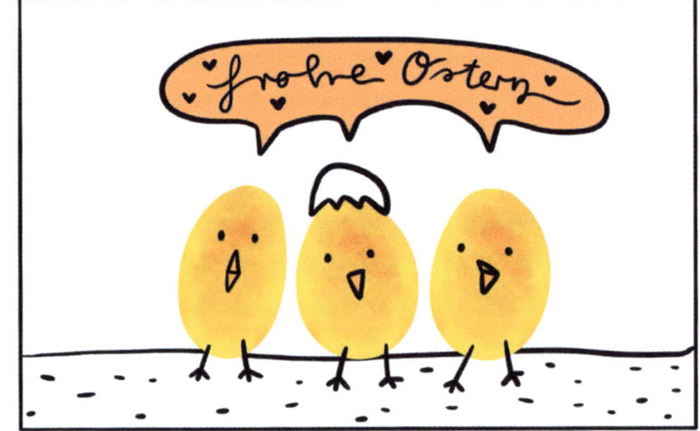

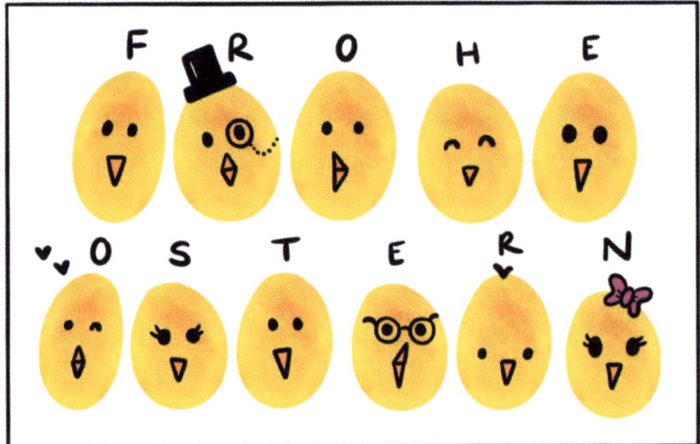

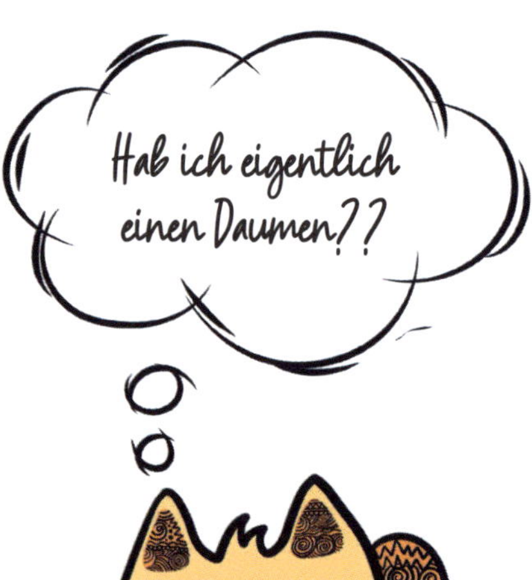

VARIANTE 2: OSTERHASE

Für den Osterhasen nimmst du zweimal deinen Daumen, für die Ostereier die Spitze deines kleinen Fingers. Lasse die Farbaufträge gut trocknen, bevor du hineinschreibst.

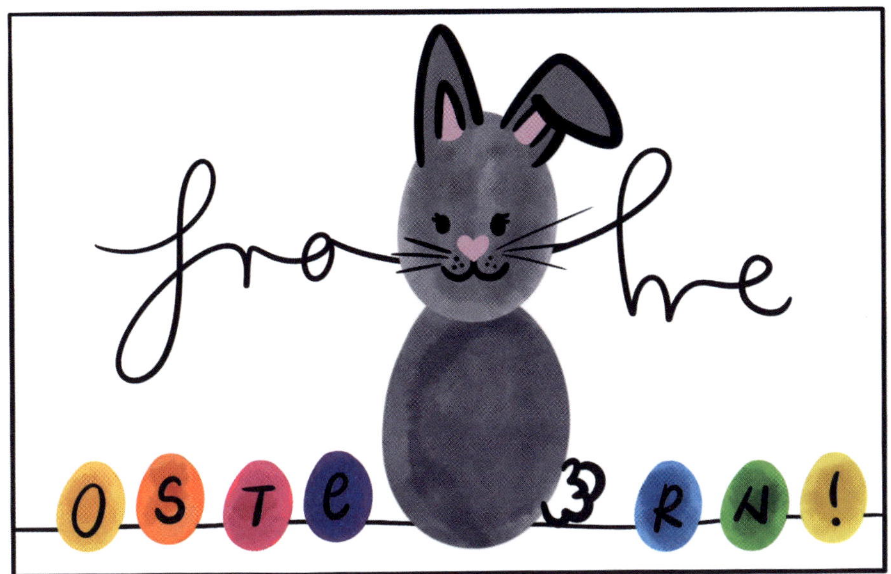

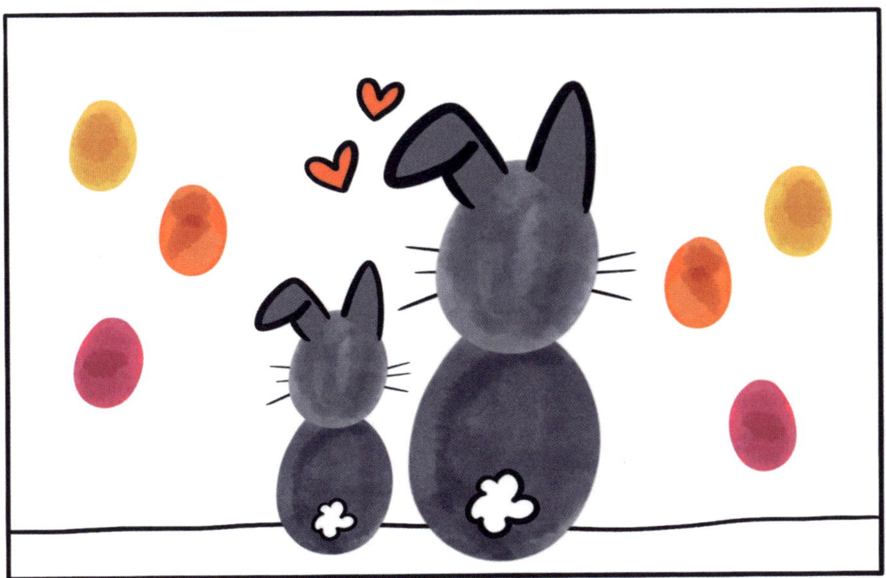

WOW MOM –
DIE BESTE KARTE FÜR MUTTERTAG

Was gibt es Schöneres als ein selbstgebasteltes Geschenk zum Muttertag? Mit einem persönlichen Text, Schokolade und Blumen und einer dicken Umarmung kann nichts mehr schiefgehen. Mit dieser Karte zauberst du deiner Mama auf jeden Fall ein Staunen in die Augen.

DU BRAUCHST:

ein weißes Blatt Papier, am besten im DIN-A4-Format
Farbstifte · Schere

SO GEHT'S:

1 Falte das Papier längs zur Hälfte. Schreibe auf eine Hälfte in großen Blockbuchstaben MOM – die Buchstaben sollten die ganze Hälfte ausfüllen und sich berühren.

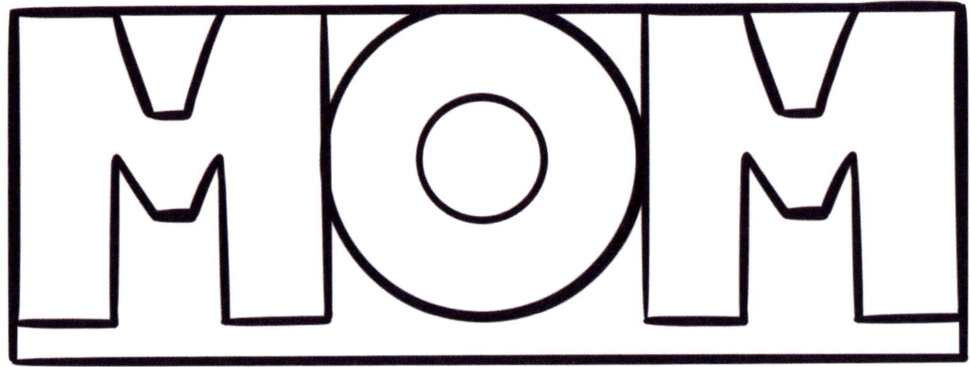

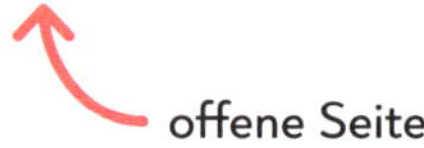

2 Lasse das Papier gefaltet und schneide die Buchstaben an den Außenlinien aus. Aber Achtung: Schneide nicht komplett durch die Falzkante, damit das Ganze später noch zusammenhält. Schneide nur die Lücken zwischen den Buchstaben weg. Wenn du die Karte jetzt auffaltest, siehst du, dass sich die Worte WOW MOM ergeben.

3 Bemale die Karte mit hübschen Blumen, Herzen und bunten Farben. Innen kannst du auch noch einen lieben Text an deine Mama schreiben, der zu sehen ist, sobald sie die Karte auffaltet.

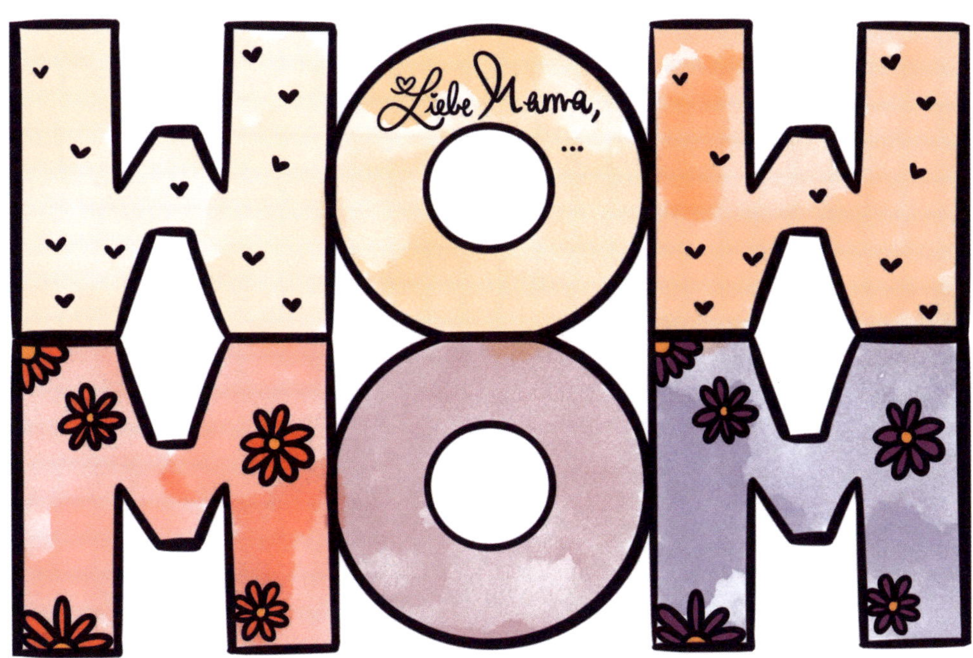

BESTER PAPA

Diese Idee ist für alle Papas da draußen, die den ersten Platz verdient haben. Genauso gut kannst du den Pokal aber natürlich für alle deine Lieblingsmenschen basteln.

DU BRAUCHST:

gelbes Tonpapier • Bleistift • Filzstifte
Bastelkleber • Schere

SO GEHT'S:

1 Zeichne auf das gelbe Tonpapier mit Bleistift zweimal den gleichen Pokal vor. Nimm dafür gern die Vorlage hier aus dem Buch auf der rechten Seite.

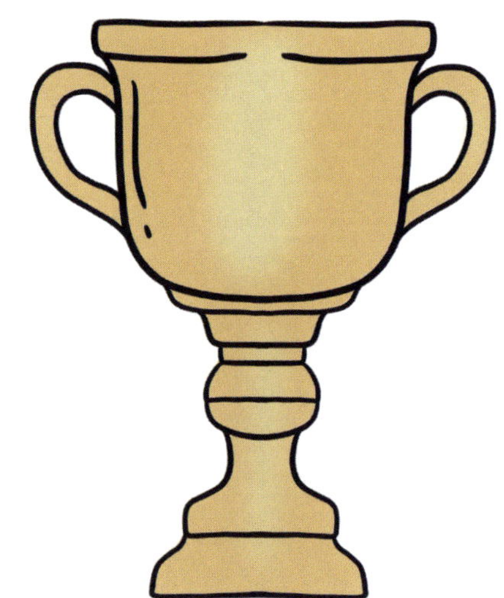

2 Beschrifte den Pokal, zum Beispiel mit „Platz 1“, „Lieblings-Papa“ oder „Weltbester Papa“. Zeichne noch ein paar Zweige dazu.

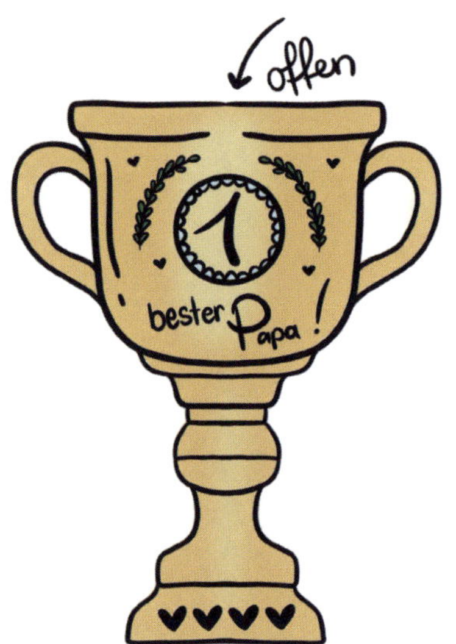

3 Klebe die beiden Hälften des Pokals so zusammen, dass oben noch eine Öffnung bleibt. In diese Öffnung kannst du jetzt noch einen Gutschein, einen persönlichen Brief oder einfach nur Glückwünsche stecken.

Hier ist ein Pokal als Vorlage zum Abpausen für dich.

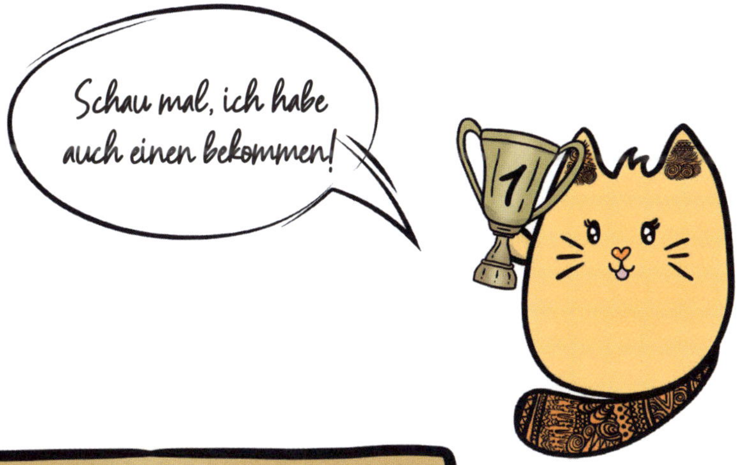

Schau mal, ich habe auch einen bekommen!

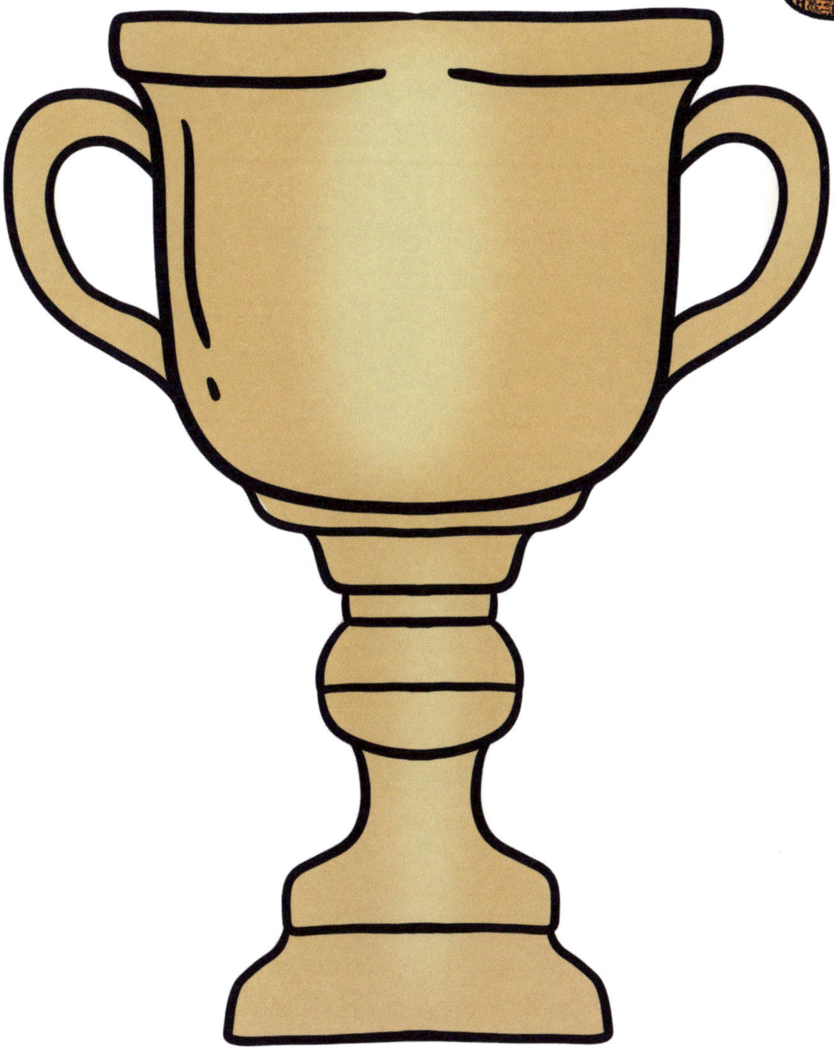

PERFEKTE
SEIFENBLASEN

Stellt dir mal den perfekten Sommertag vor. Du liegst gemütlich auf einer Picknickdecke im Gras und hast als i-Tüpfelchen sogar noch Seifenblasen dabei, die du in die Luft pustest. Die schillernden Blasen kannst du mit ein paar Tricks auch super zeichnen und damit ein Sommerfeeling aufs Papier zaubern.

DU BRAUCHST:

weißes Papier • Bleistift
Filz- oder Buntstifte in Blau, Gelb, Grün und Rot

SO GEHT'S:

1 Zeichne zuerst mit einem dünnen Bleistiftstrich einen Kreis vor.

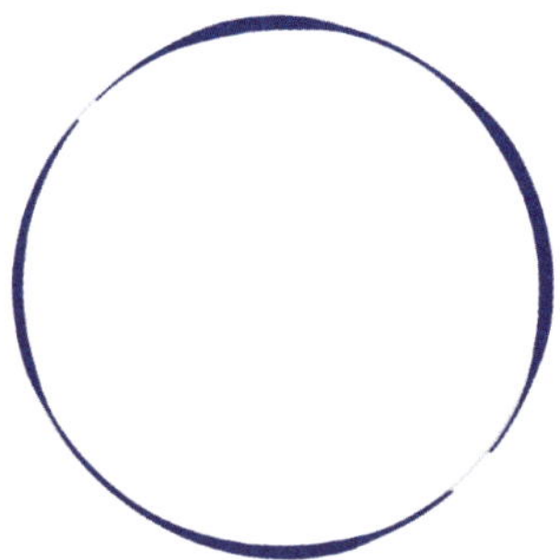

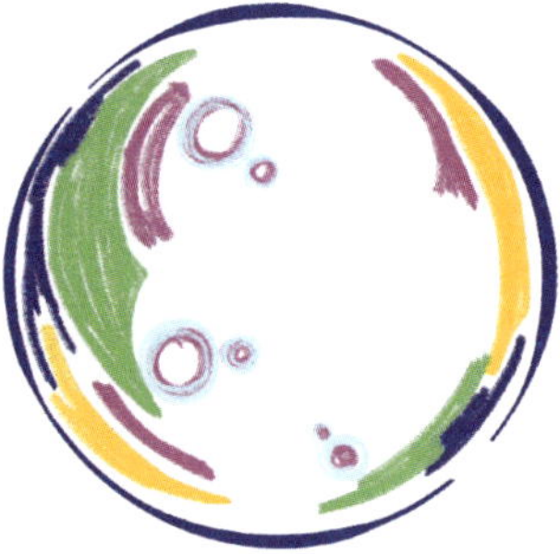

2 Umrande die Kreisform mit blauer Farbe. Zeichne die Linie manchmal dicker und manchmal dünner.

3 Jetzt brauchen wir die Spiegelung. Nimm dafür deine Stifte in gelblicher, grünlicher und rötlicher Farbe und male die schillernde Oberfläche in die Seifenblase.

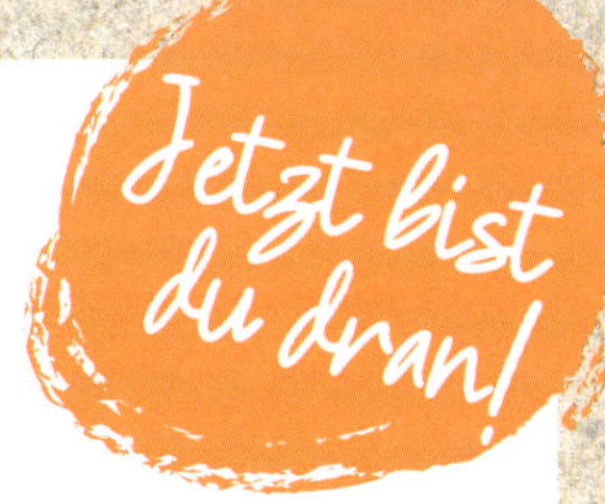

Lasse hier die hübschesten Seifenblasen entstehen:

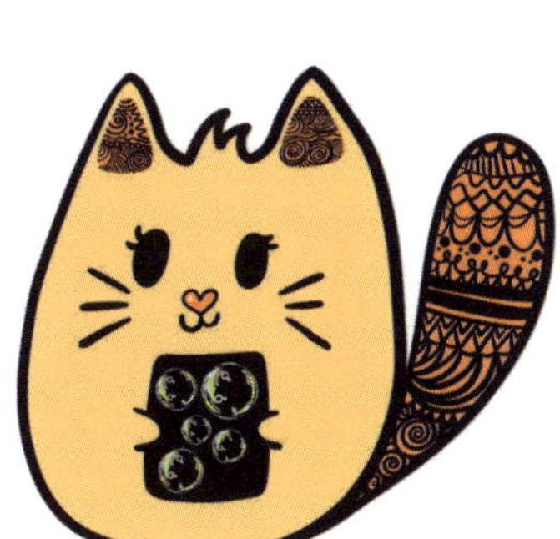

Die Seifenblasen sehen auch toll auf schwarzem Papier aus! Nimm hier weiße Farbe für den Kreis

GEISTER-GALERIE

Happy Halloween! Geister dürfen an Halloween natürlich nicht fehlen. Mit dieser Idee bekommen deine Zeichnungen eine ganz neue Wirkung. Du brauchst dafür sechs bis acht verschiedene Bilderrahmen und genauso viele Gespensterzeichnungen.

SO GEHT'S:

Die Zeichnungen rahmst du ein und hängst sie gemeinsam an eine Wand. So zauberst du eine tolle Halloween-Dekoration – deine ganz persönliche Geister-Galerie.

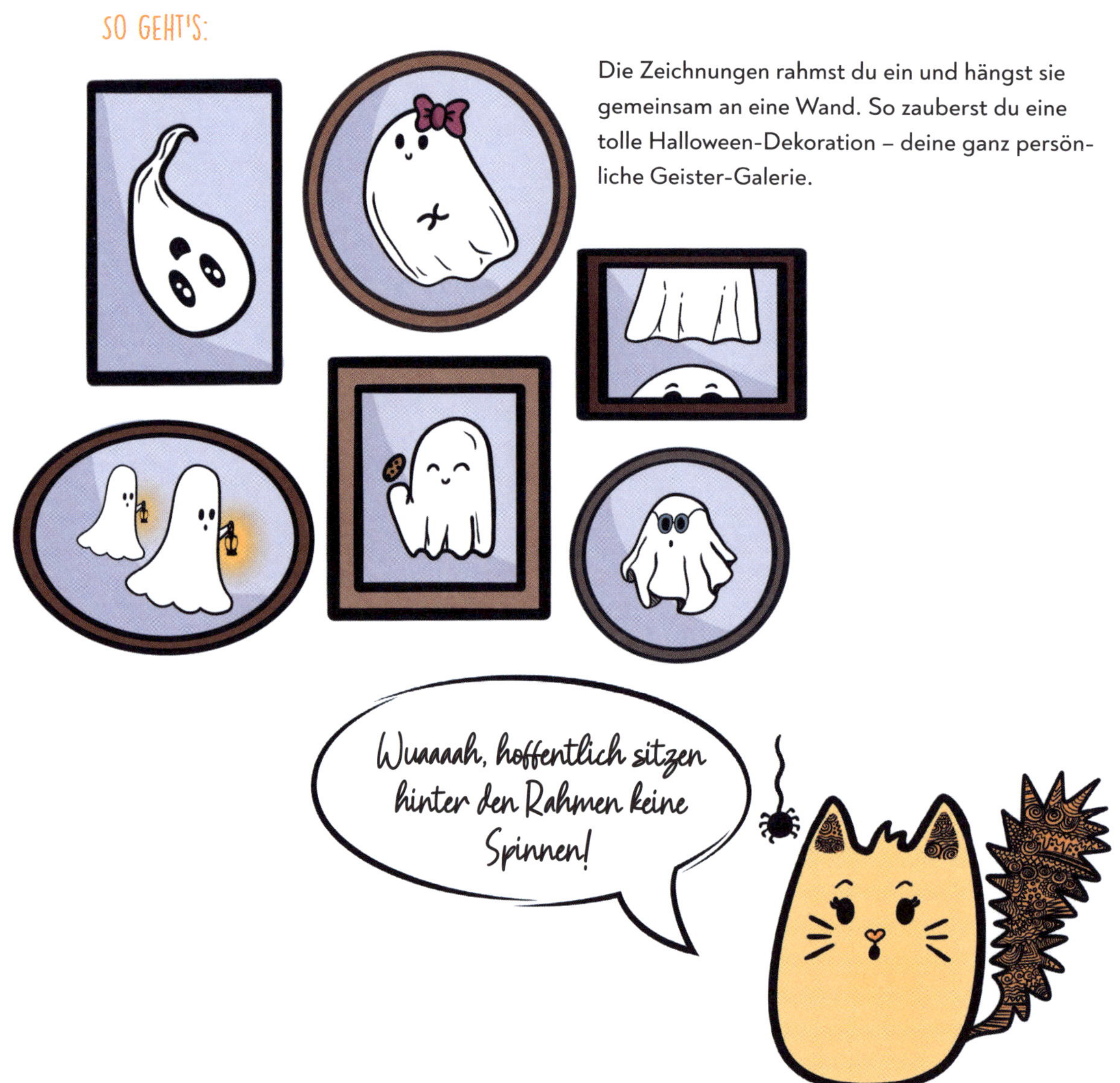

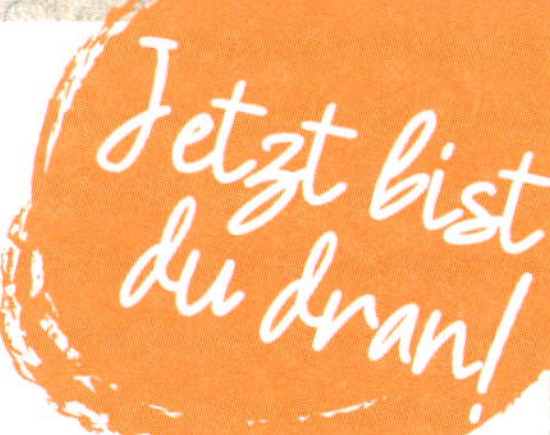

Zeichne diesen Geistern für noch mehr Halloween-Stimmung gruselige, liebe oder verrückte Gesichter.

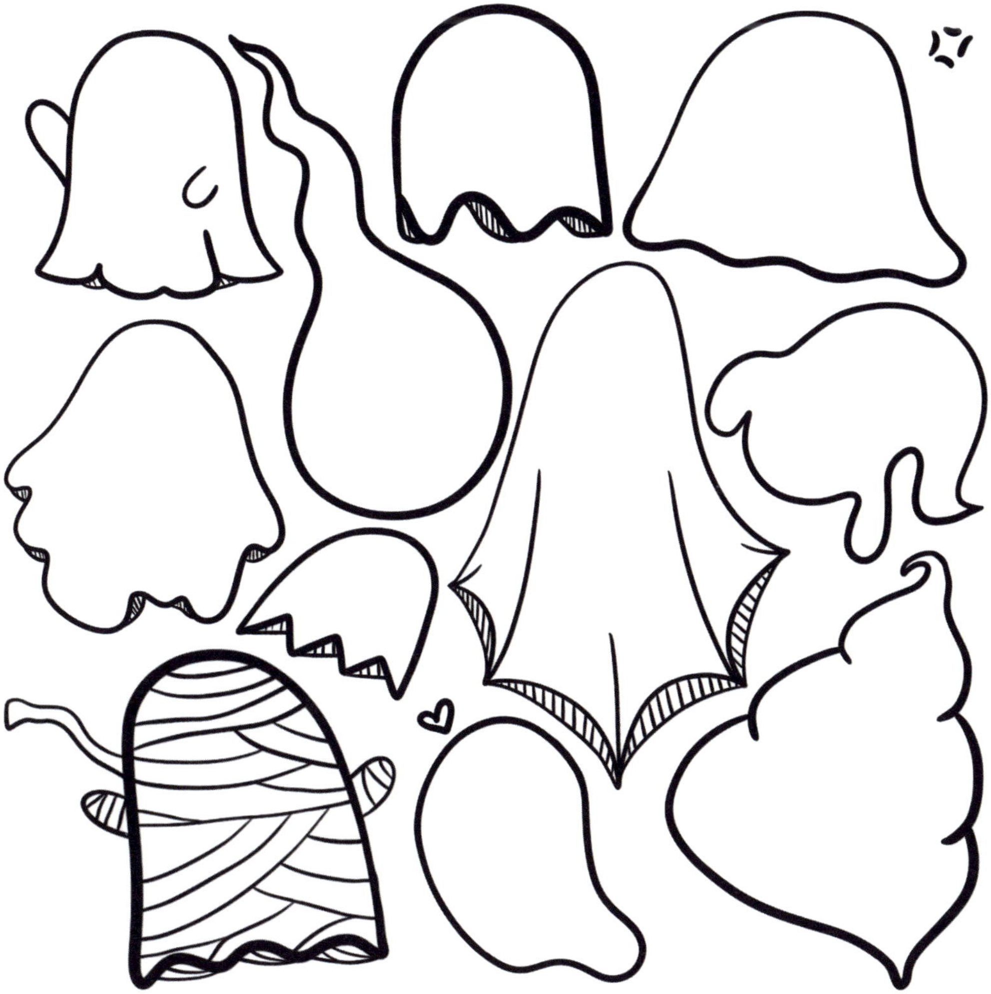

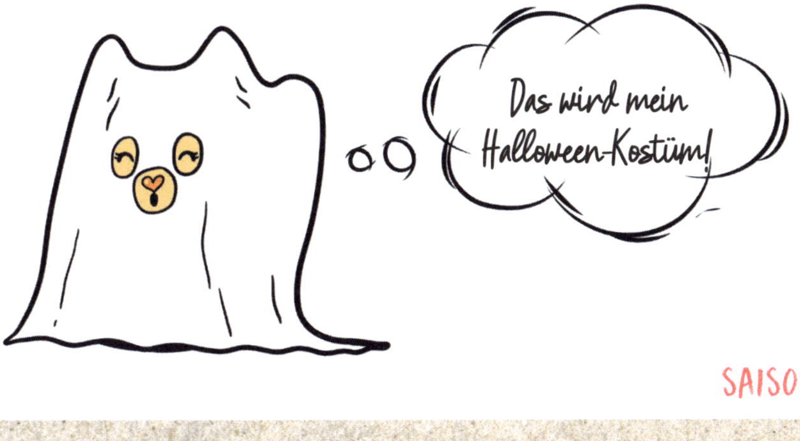

Das wird mein Halloween-Kostüm!

SCHNEEFLÖCKCHEN
WEISSRÖCKCHEN

Eine der schönsten und einfachsten Zeichenideen für den Winter sind selbstgemachte Schneeflocken aus Papier.

SO GEHT'S:

1. Du brauchst ein quadratisches Papier. Dafür kannst du ein A4-Papier mit einer Ecke nach innen falten und den überstehenden Rest abschneiden.

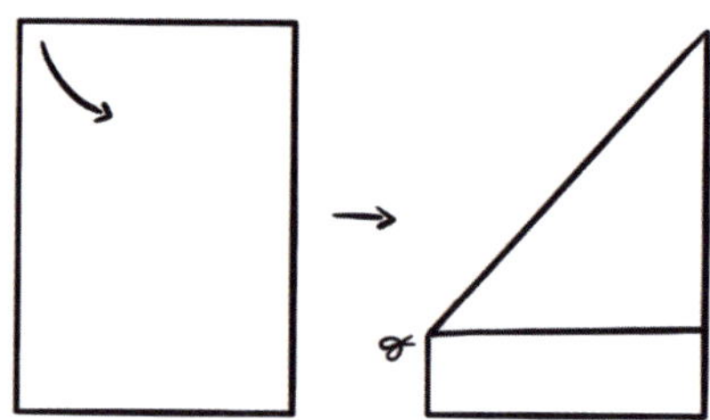

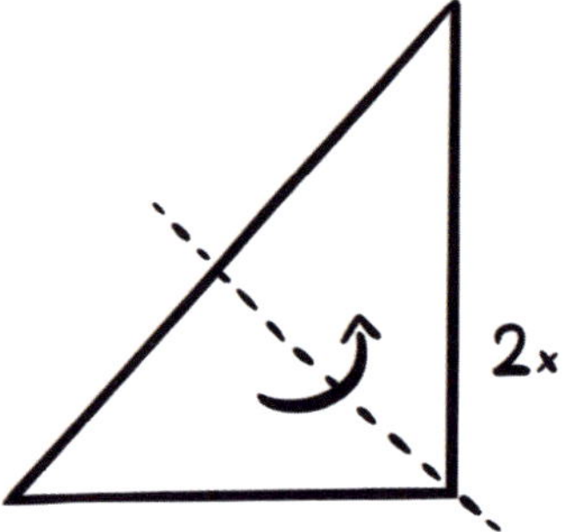

2. Falte das bereits gefaltete Dreieck jetzt noch zwei Mal zur Mitte.

3. Das ist deine Grundform für alle möglichen Arten von Schneeflocken. Die Flocken erhältst du, wenn du die blauen Muster (siehe rechte Seite) ausschneidest und das Papier wieder auseinanderfaltest.

TIPP:

Für sehr kleine Flächen nimmst du am besten einen Cutter/Bastelmesser.
Wenn du noch einen dünnen Faden durch eines der äußeren Löcher fädelst und verknotest, kannst du deine Schneeflocken aufhängen.

Hast du Lust, es auszuprobieren? Auf der nächsten Seite findest du vier Vorlagen – von leicht bis schwer – mit denen du direkt loslegen kannst.

Kreiere die perfekte Schneeflocke! Die weißen Stellen schneidest du weg, die blauen bleiben stehen und bilden am Ende die Schneeflockenform.

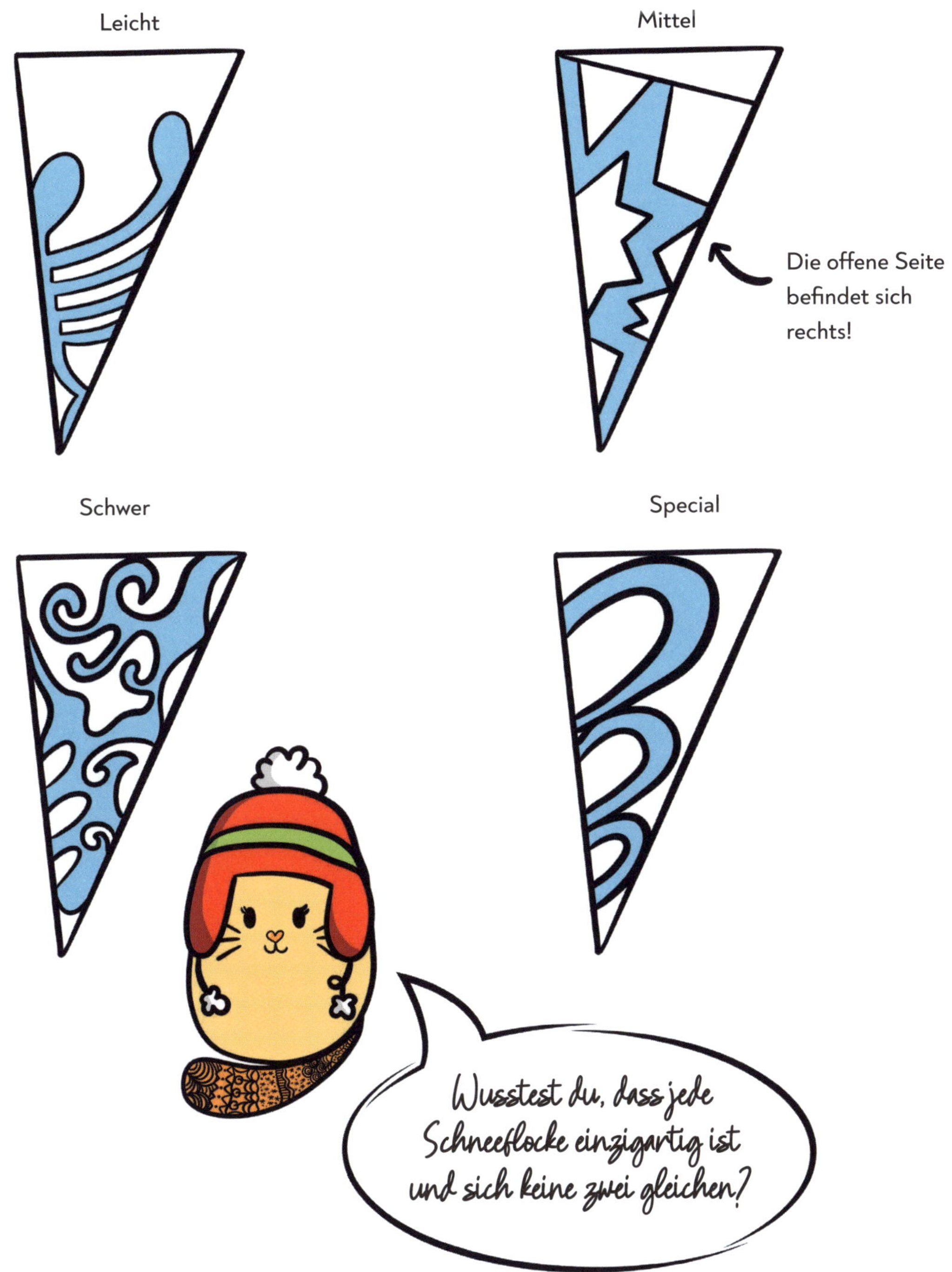

VERTRÄUMTER DIY-
ADVENTSKALENDER

Wir bleiben im Winter. Für die nächste Idee braucht es ein wenig mehr Basteleinsatz, aber das Endergebnis kann sich sehen lassen!

DU BRAUCHST:

Tonpapier in unterschiedlichen Farben • Bleistift • Schere
Bastelkleber oder Klebeband • Watte • Lichterkette

SO GEHT'S:

1. Schneide die folgenden Formen jeweils 24-mal aus:

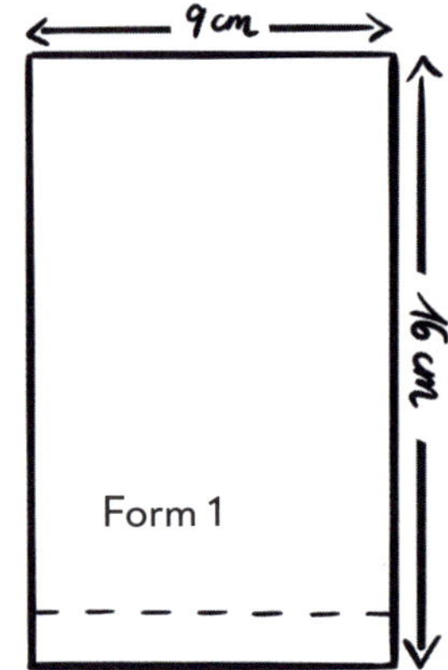

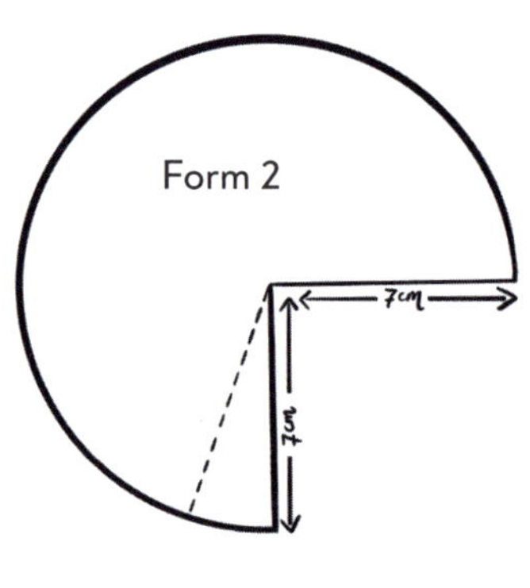

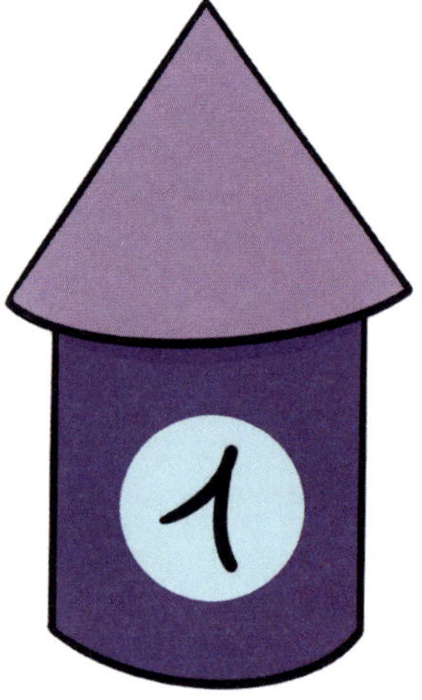

2. Rolle jede Form ein und klebe sie an den markierten Stellen zusammen. Wenn du jetzt jeweils Form 1 und Form 2 aufeinandersetzt, entstehen kleine Häuschen.

3. Schneide aus einem andersfarbigen Papier 24 runde Plättchen aus und beschrifte sie mit den Zahlen von 1 bis 24. Klebe sie dann auf die untere Hälfte der Häuschen.

4 Ordne alle Häuschen auf einer ebenen Fläche, zum Beispiel auf einem Schränkchen an und platziere die Lichterkette zwischen den Häuschen.

5 Zuletzt schnappst du dir noch Watte, die du in kleine Büschel zurechtzupfst und ebenfalls zwischen den Häuschen und über der Lichterkette verteilst. So erhältst du einen tollen, verträumten Lichteffekt.

6 Jetzt kannst du die Häuschen noch mit kleinen Geschenken befüllen. Fertig ist dein selbstgemachter Adventskalender!

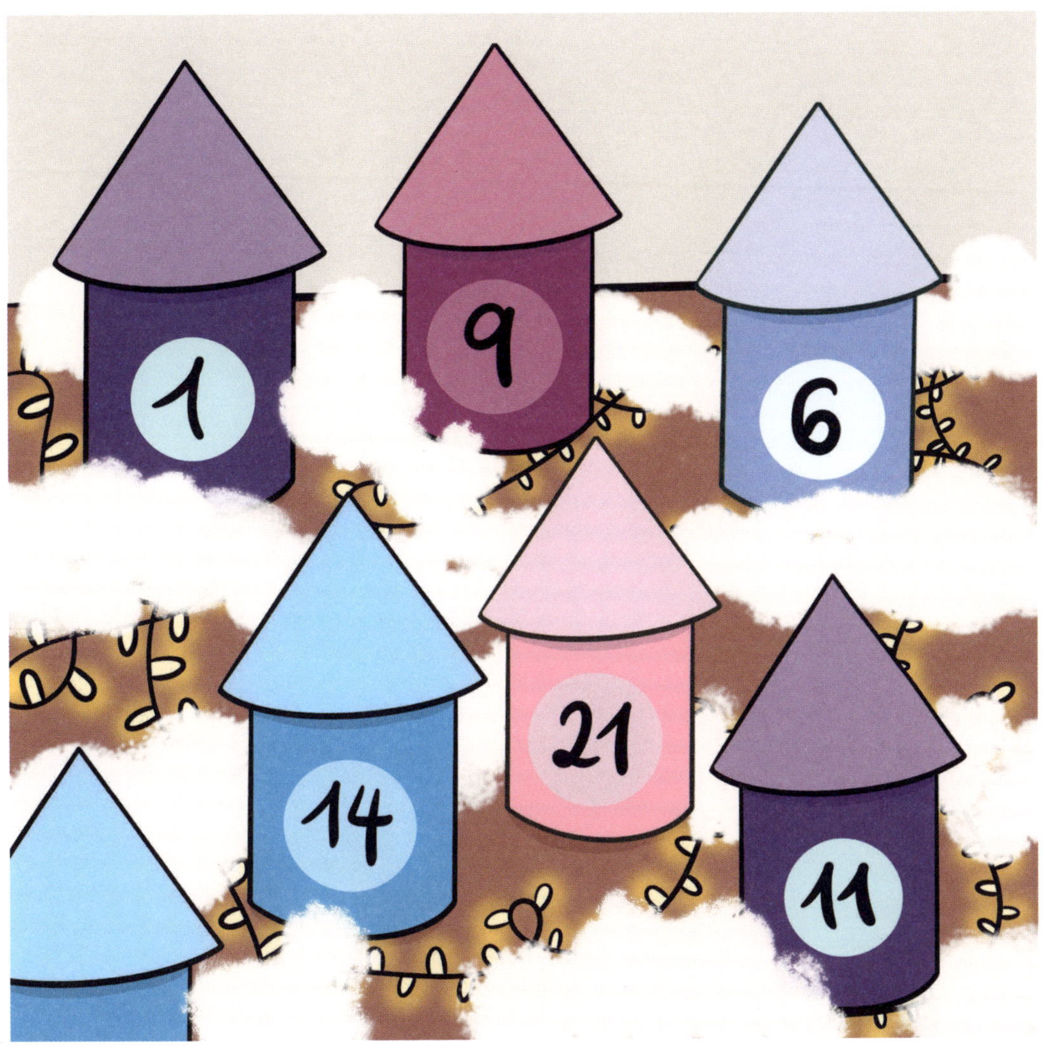

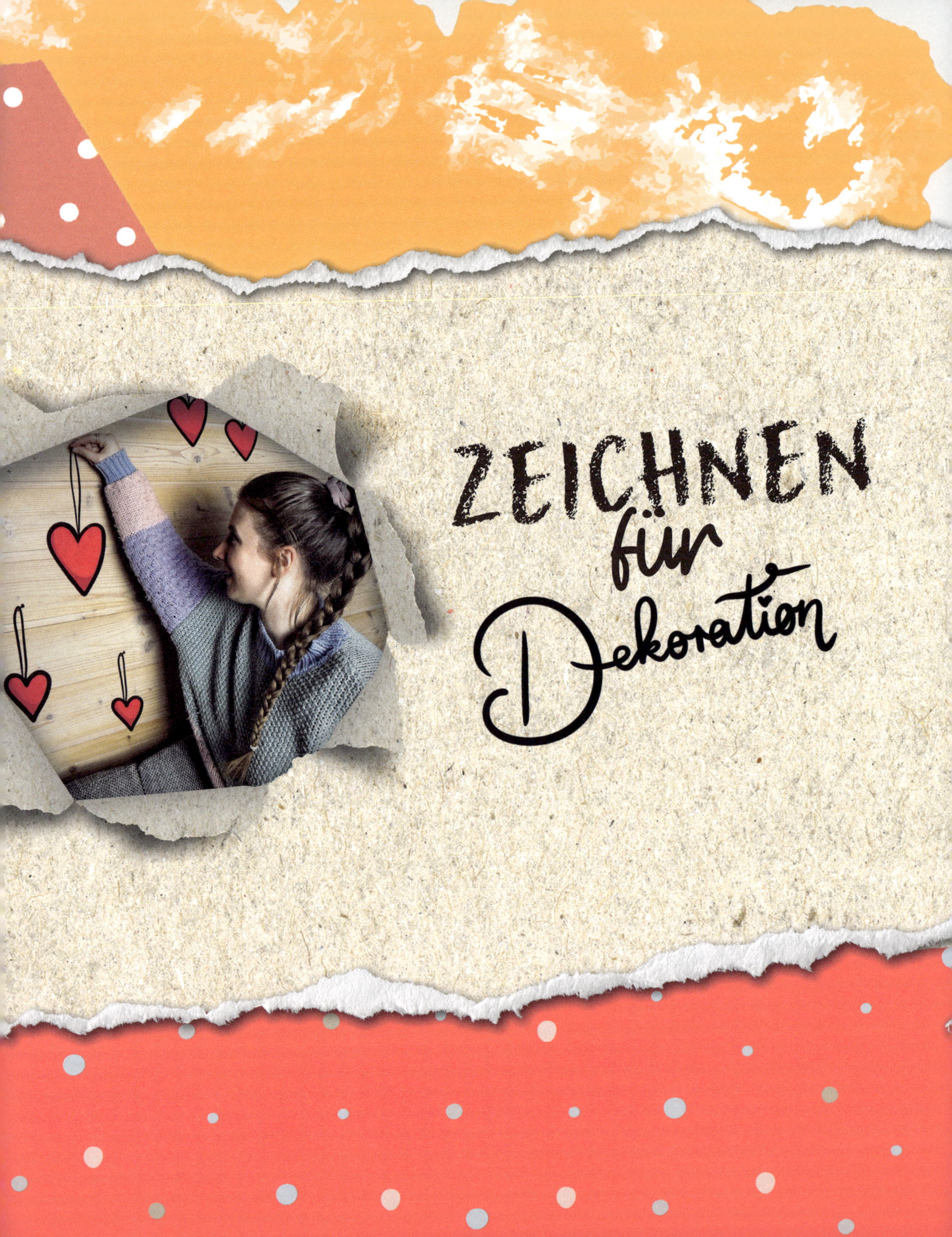
ZEICHNEN
für
Dekoration

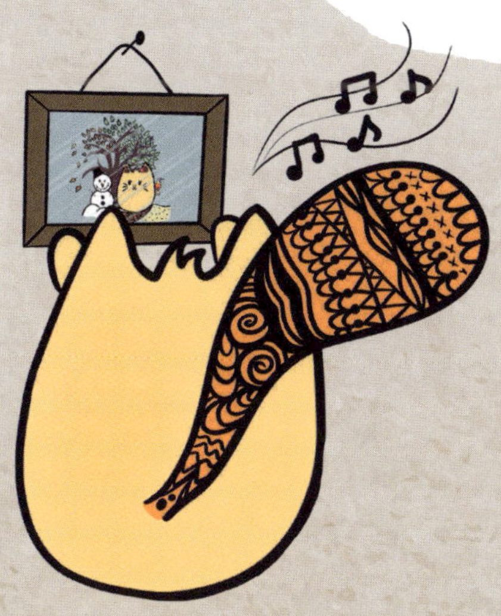

Im letzten Kapitel kombinieren wir noch einmal die schönsten Ideen aus der Zeichnen- und Bastelwelt. Du kannst mit den umgesetzten Ideen deine Wohnung aufhübschen oder Geschenke verzieren und ihnen damit nochmal das gewisse Extra verleihen.

VISION BOARD MOBILE

FÜRS SCHLAFZIMMER

Diese Dekoidee ist so perfekt, weil sie nicht nur dein Zimmer verschönert, sondern dich gleichzeitig auch noch motiviert. Mit diesem Mobile hast du deine Ziele beim Einschlafen und Aufwachen direkt vor Augen.

DU BRAUCHST:

einen Holzstab oder Ast mit einer Länge von 20 bis 25 cm
stabilen Faden • weißes oder farbiges Papier
schwarzen Stift • evtl. bunte Stifte

SO GEHT'S:

1 Knote einen längeren Faden jeweils an die Enden des Stabs und oben zusammen. So kannst du ihn später über einen Nagel hängen.

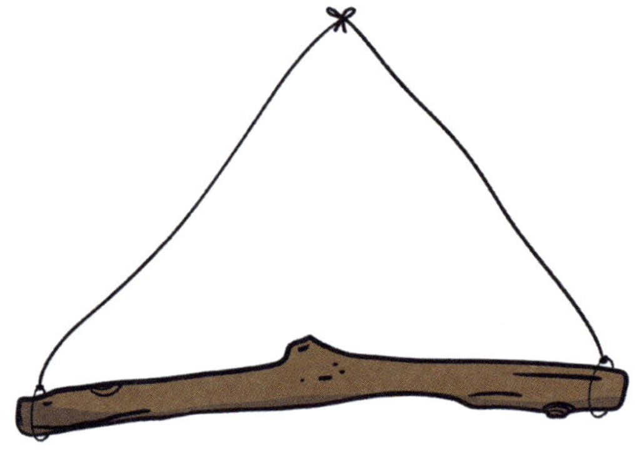

2 Zeichne Schmetterlinge, Blumen und Kreise auf weißes oder farbiges Papier und schneide diese aus. Es reicht, wenn du dafür nur die Umrisse zeichnest. Jedes Motiv brauchst du außerdem doppelt – dafür einfach die erste Form immer abpausen.

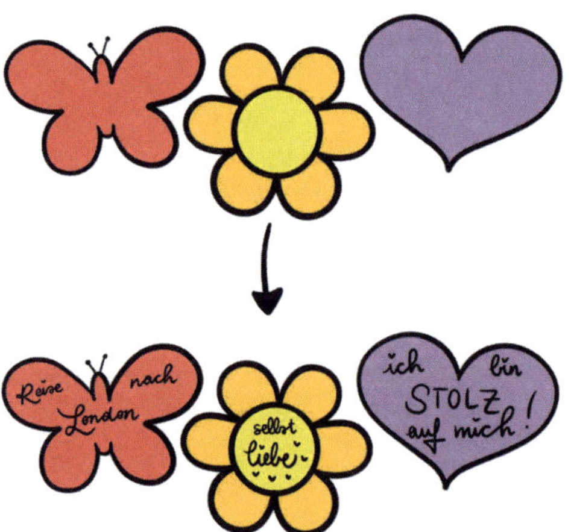

3 Schreibe auf einige der ausgeschnittenen Formen deine Wünsche, Ziele und Pläne – oder motivierende Sprüche.

4 Schneide Fäden in unterschiedlichen Längen ab. Die kürzesten sollten etwa eine Länge von 10 Zentimetern haben, die längsten etwa 50 Zentimeter lang sein.

5 Klebe jeweils zwei Teile eines Motivs so zusammen, dass ein Faden in der Mitte durchläuft. Klebe die Motive im Abstand von einigen Zentimetern an den Faden, bis dieser voll ist und befestige ihn dann am Holzstab/Ast.

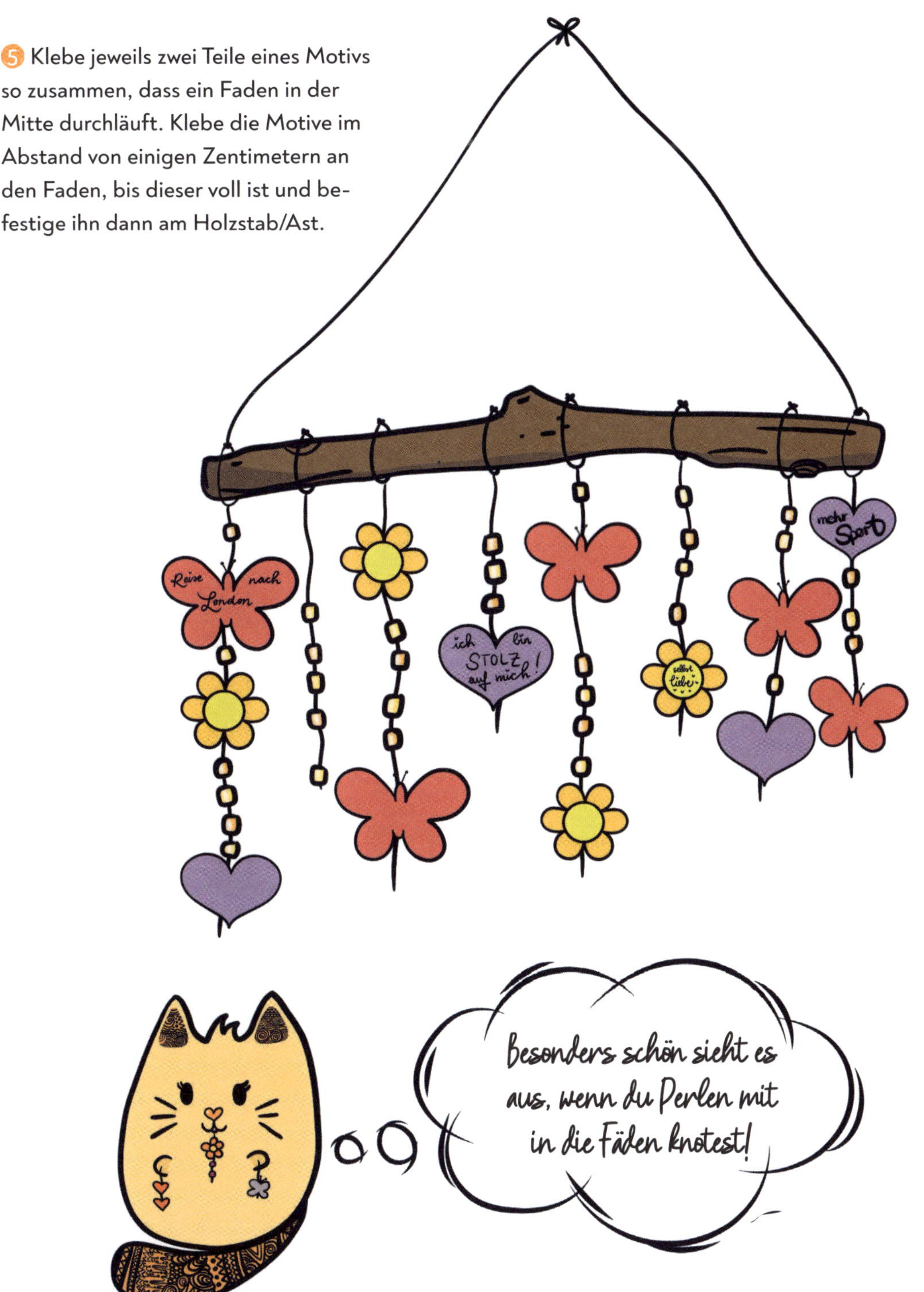

BEST-FRIENDS-
ERINNERUNG

Das gute alte Gästebuch auf der Toilette kennst du bestimmt. Die folgende Idee ist noch ein bisschen kreativer und lädt deine Freund:innen dazu ein, die besten gemeinsamen Erinnerungen aufzuschreiben. Jetzt kannst du vielleicht auch einmal im Jahr zu einem gemütlichen Abend einladen und mit deinem Freundeskreis durch all die Erinnerungen schauen, die sich im Laufe des Jahres angesammelt haben.

SO GEHT'S:

1. Auf der folgenden Seite habe ich eine Vorlage für dich erstellt, die du kopieren oder abfotografieren und dann ausdrucken kannst. Lege immer ein paar Exemplare davon im Bad, in der Küche oder einfach in deinem Zimmer aus. Wenn du sie in einen hübschen Korb legst, hast du gleichzeitig auch noch eine neue Dekoration.

2. Wenn du Freund:innen oder Familie zu Besuch hast, können sie eine Seite ausfüllen. Macht euch dabei nicht zu viel Stress. Auch halb ausgefüllte Seiten sind eine tolle Erinnerung.

3. Sammle alle ausgefüllten Blätter, zum Beispiel in einem Schnellhefter oder Ordner. Am Jahresende – oder einfach immer, wenn du Lust hast – kannst du sie allein oder mit Freund:innen durchblättern. Perfekt zum Lesen, Lachen und gemeinsam in Erinnerung schwelgen!

4. Für noch mehr Best-Friends-Erinnerung kannst du eine Einwegkamera oder eine Sofortbildkamera bereitstellen. Die Bilder könnt ihr dann immer zur ausgefüllten Seite heften.

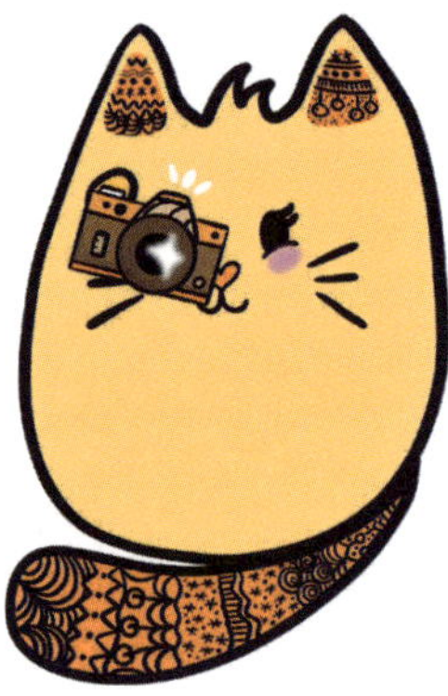

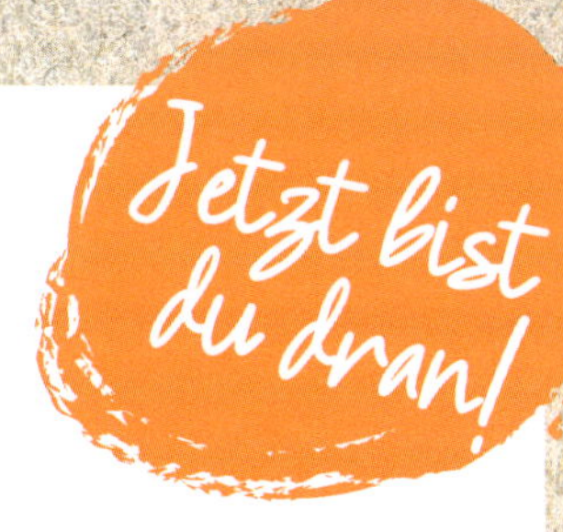

NAME: ______________________ DATUM: ______________________

WOCHENTAG

MO | DI | MI | DO | FR | SA | SO

SO FINDE ICH MEINEN BESUCH BISHER

★★★★★

WARUM BIN ICH HEUTE HIER: ______________________

DAS HABE ICH HEUTE SCHON GEGESSEN: ______________________

AKTUELLER OHRWURM: ______________________

DIESES VERB FÄLLT MIR HEUTE ZU DIR EIN: ______________________

DAS MÜSSEN WIR ALS NÄCHSTES MACHEN: ______________________

____

DAS FÜHL ICH GERADE: ______________________

____

SOFA	☐	☐	ACTION
VORSPEISE	☐	☐	NACHSPEISE
WARM	☐	☐	KALT
ENTSPANNT	☐	☐	GESTRESST
KOCHEN	☐	☐	BESTELLEN
JOGGINGHOSE	☐	☐	JEANS
PESSIMIST	☐	☐	OPTIMIST

LEUCHTENDE
BILDER

Bei dieser Dekoidee kannst du deiner Kreativität mal wieder freien Lauf lassen. Es gibt sooo viele Möglichkeiten …

DU BRAUCHST:

einen Bilderrahmen • weißes oder farbiges Papier
Schere • Klebeband • Lichterkette, am besten mit Batterien oder Akku

SO GEHT'S:

1. Überlege dir ein Motiv für deine Wand. Auf der folgenden Seite findest du ein Beispiel für den Sommer und eins für Halloween.

2. Schneide weißes oder farbiges Papier in einer passenden Größe für den Rahmen zurecht. Male dein Motiv auf das Papier. Plane dabei Stellen, die leuchten sollen, mit ein.

3. Schneide die leuchtenden Stellen aus dem Papier aus.

4. Lege das Papier in den Bilderrahmen und ordne dahinter die Lichterkette so an, dass die Lämpchen an den ausgeschnittenen Stellen liegen. Klebe die Lichterkette fest, damit nichts verrutscht.

5. Lege das Rückenteil des Bilderrahmens ein und befestige darauf den Akku/das Batteriefach deiner Lichterkette.

6. Jetzt brauchst du nur noch ein hübsches Plätzchen, an dem du deinen leuchtenden Bilderrahmen aufstellen oder aufhängen kannst.

Wenn das Akku-/Batteriefach zu dick ist, kannst du es auch mit doppelseitigem Klebeband an den Rand des Bilderrahmens kleben.

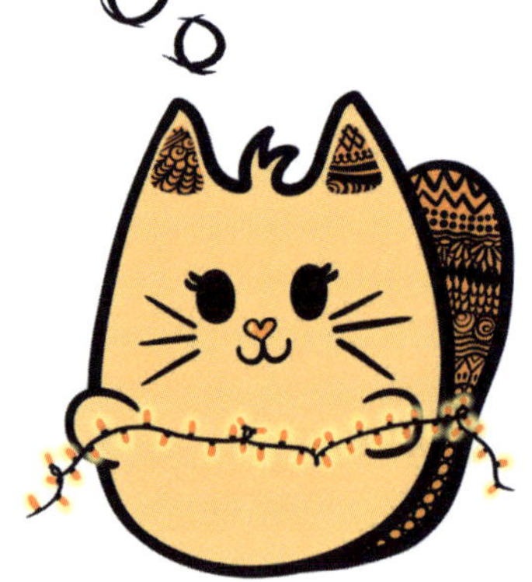

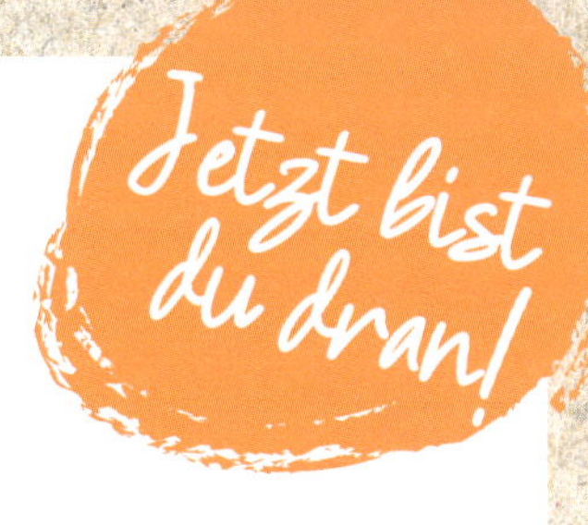

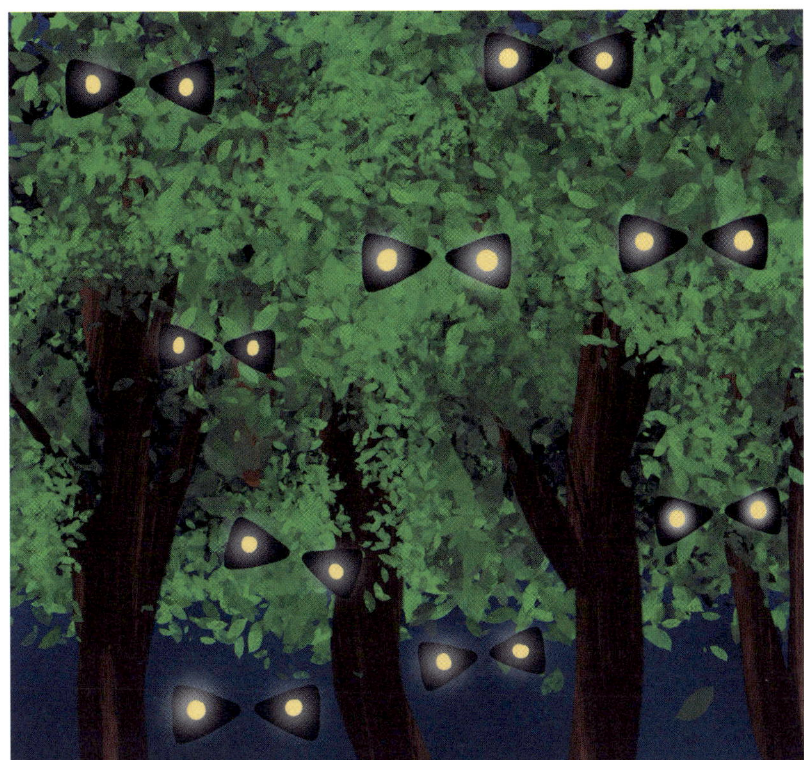

Idee 1: Gruselige Augen im Wald

Idee 2: Glühwürmchen über der Wiese

STEINE BEMALEN

Wie wäre es mal wieder mit einem richtig schönen, langen Spaziergang? Dabei solltest du auch immer wieder auf den Boden schauen. Sammle alle Steine auf deinem Weg, die dir besonders gut gefallen und die eine schöne Form haben. Zu Hause angekommen, kannst du die Steine bemalen. Am besten klappt das mit Acrylfarben oder -markern und Filzstiften.

Hier sind ein paar Ideen für deine Steine:

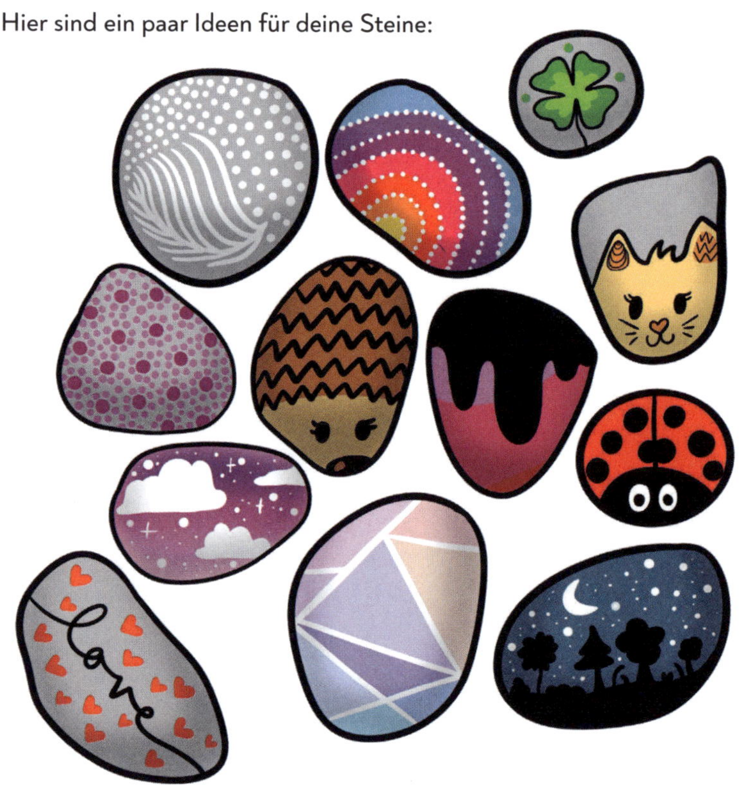

Wenn du Lust hast, kannst du die bemalten Steine wieder auf deinen nächsten Spaziergang mitnehmen und an verschiedenen Orten verteilen.

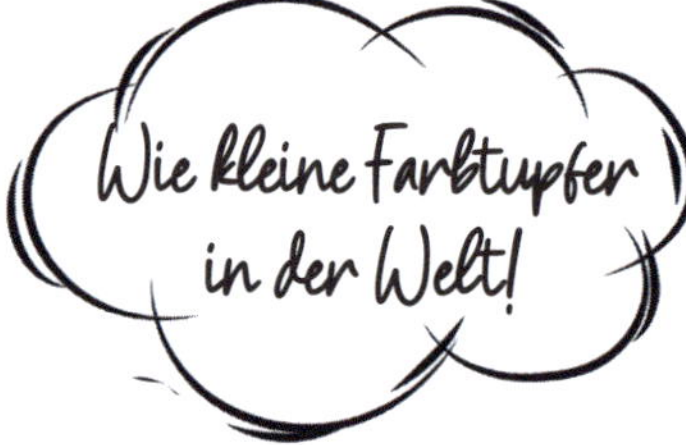

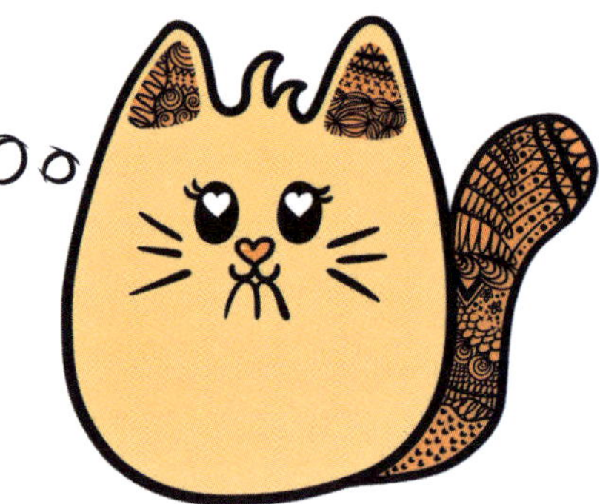

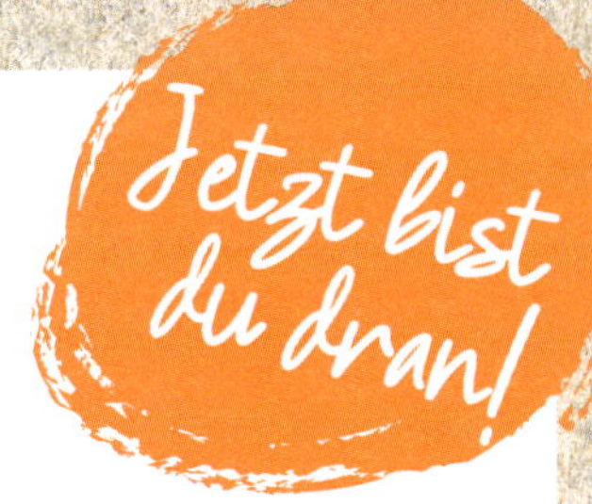

Zur Erinnerung kannst du hier Fotos von deinen schönsten Steinen einkleben. Wenn du neue Steine bemalen willst, kannst du dich so auch immer von deinen alten Werken inspirieren lassen.

„ZEICHNEN"
MIT FADEN

Für diese Mixed-Media-Dekoidee beziehen wir Wollfäden in ein Acrylbild mit ein. Was sich zuerst vielleicht etwas ungewöhnlich anhört, ergibt am Ende einen tollen Hingucker für deine Wand!

DU BRAUCHST:

Papier oder am besten eine Leinwand • Acrylfarben • Bleistift • Wolle • Bastelkleber

SO GEHT'S:

1 Starte mit dem Hintergrund. Dafür malst du mit Acrylfarbe zufällig verteilte Flecken auf die Leinwand. Lass alles gut trocknen.

2 Während die Leinwand trocknet, kannst du üben, die Schmetterlinge zu zeichnen. Sie sind als Lineart-Zeichnung gestaltet, das heißt, du setzt den Stift während der gesamten Zeichnung nicht ab. Die Schmetterlinge zeichnen wir seitlich. Übe das ruhig ein paar Mal.
Hier zeige ich dir Schritt für Schritt, wie das geht:

3 Sobald du dich mit dem Zeichnen deiner Schmetterlinge sicher fühlst, kannst du sie mit Bleistift auf deinem Bild vorzeichnen.

4 Klebe jetzt einen Wollfaden entlang deiner vorgezeichneten Linien in Schmetterlingsform auf dein Bild.

5 Lasse alles gut trocken – fertig ist dein DIY-Deko-Bild!

LINEART-SCHMETTERLING SCHRITT FÜR SCHRITT

1

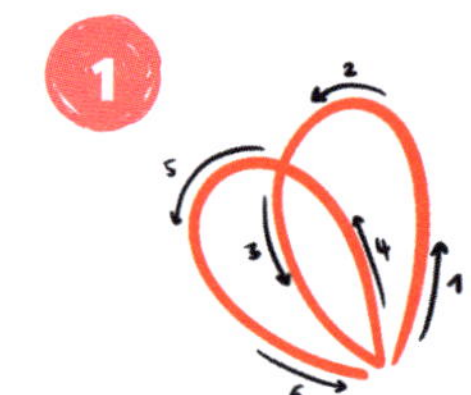

2

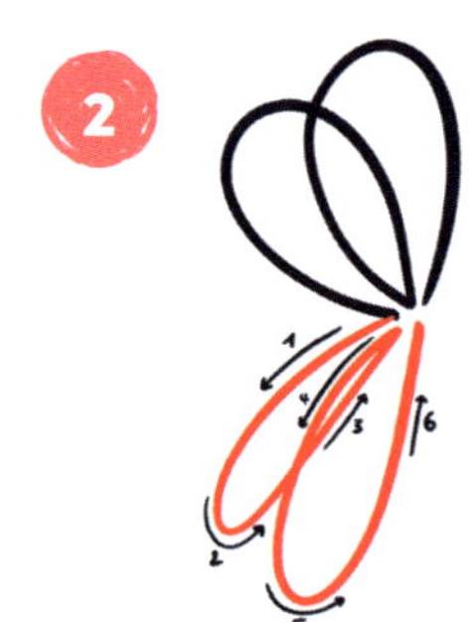

3

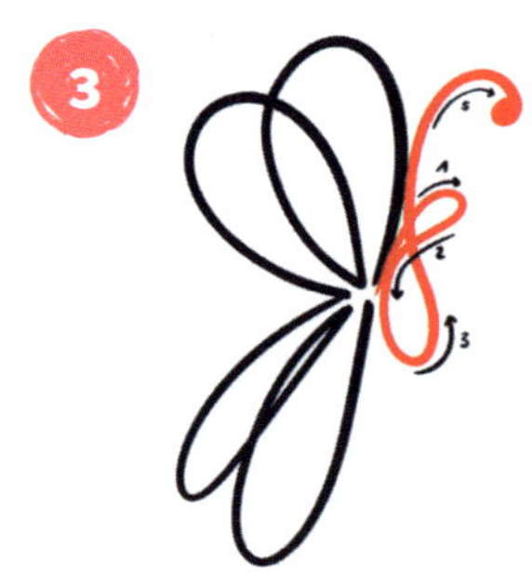

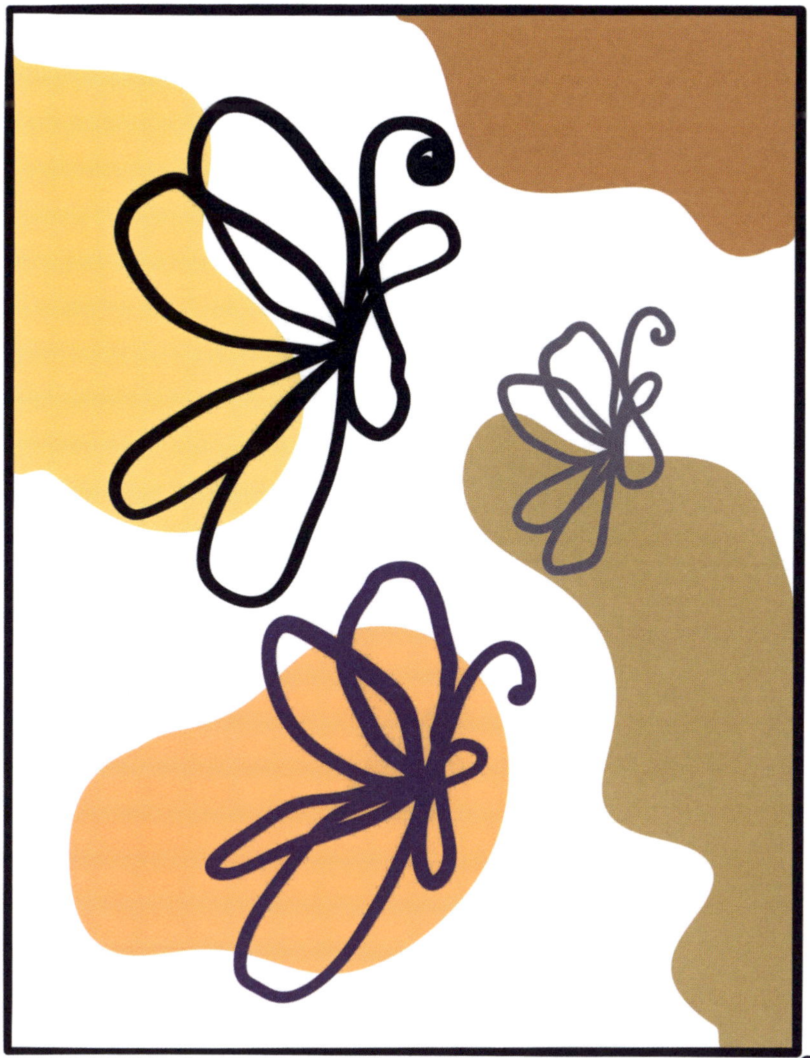

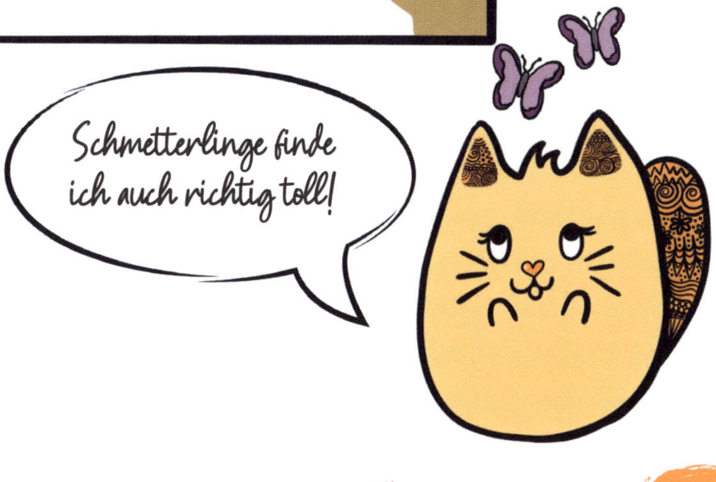

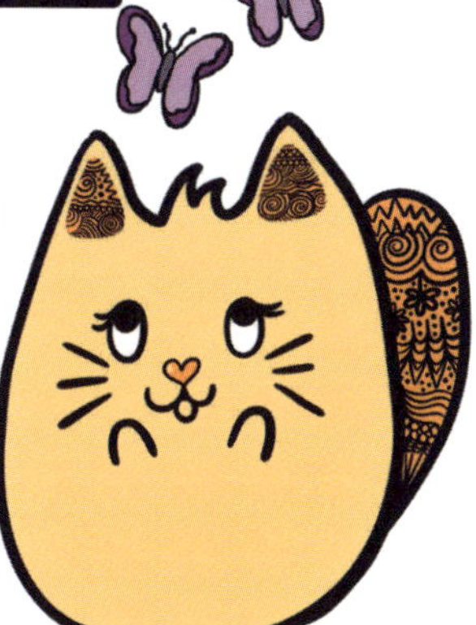
Schmetterlinge finde ich auch richtig toll!

HERZEN FLECHTEN

Perfekt als Deko an der Wand, auf deinem Kalender oder als hübscher Geschenkanhänger.

SO GEHT'S:

1 Übertrage die hier gezeigten Formen auf unterschiedlich farbiges Tonpapier und schneide sie aus.

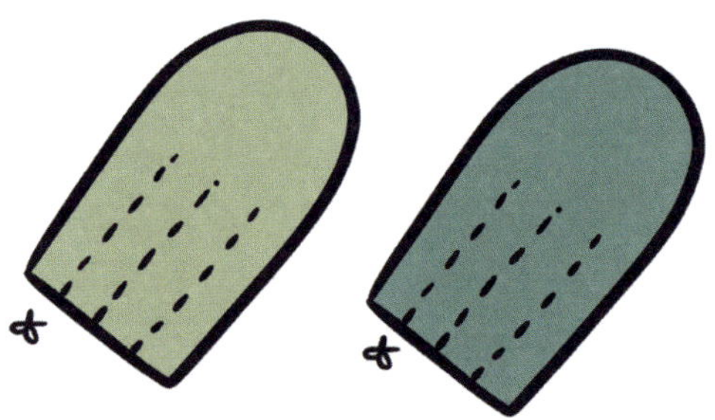

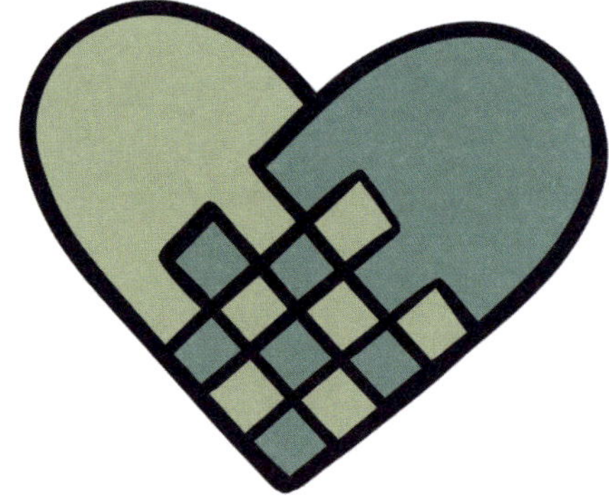

2 Schneide längs in gleichmäßigen Abständen an den gestrichelten Linien ein.

3 Schiebe die zwei Teile dann ineinander und lege dabei immer abwechselnd einen Papierstreifen über den anderen.
Zusammen ergibt sich die perfekte geflochtene Herzform!

DANKE

Heeeeeeeey! Damit sind wir schon am Ende. Ich hoffe, du hast schon ganz viele Ideen ausprobiert, wenn du auf dieser Seite angekommen bist. Und ich würde mich sehr freuen, wenn dich das Buch noch eine ganze Zeitlang begleitet und du noch oft in den verschiedensten Lebenslagen darauf zurückgreifen wirst.

Inspiration. Happiness. Kreativität.

Das alles habe ich in diesem Buch mit ganz viel Liebe für dich verpackt. Vielen Dank, dass du mit mir auf diese kreative Reise gegangen bist! Schreib mir sehr gern eine Nachricht, was dir an dem Buch besonders gut gefallen hat oder welches dein Lieblingskapitel war.
Zum Abschluss siehst du hier noch meine beiden kreativen Bilder, die ich aus der Vorlage von Seite 8 gezeichnet habe. Erkennst du das Haus im grünen Dino? Ich habe es rot markiert. Auf welche Ideen bist du gekommen?

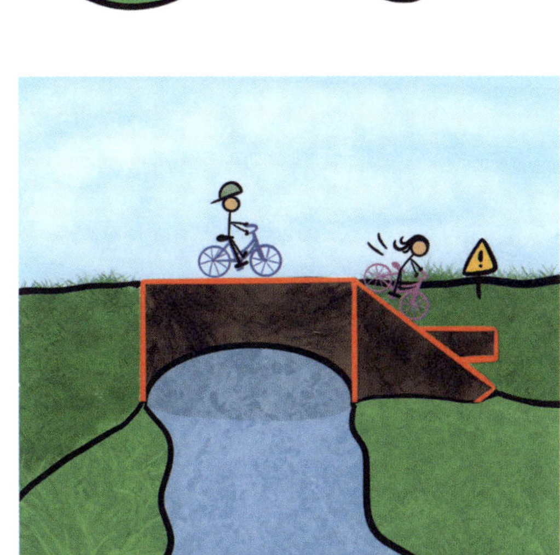

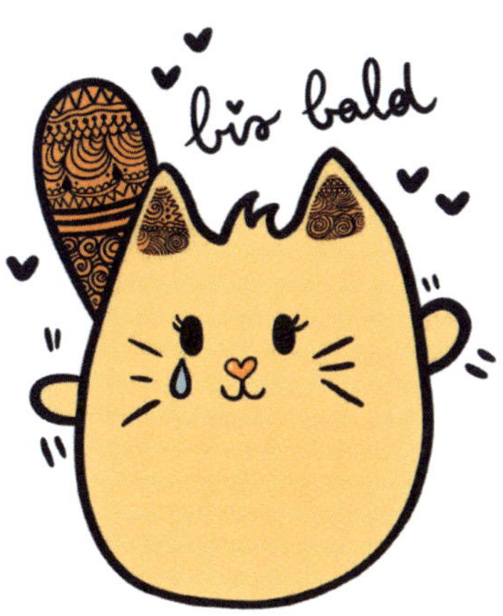

IMPRESSUM

PRODUKTMANAGEMENT: Seline Gwinn
LEKTORAT: Betz Lektorat + Redaktion, Tübingen
UMSCHLAGGESTALTUNG: Lena Schmitt
HERSTELLUNG: Jessica Siebert
LAYOUT UND SATZ: Iris Schwarzl, DSR Werbeagentur Rypka GmbH, Dobl
DRUCK UND BINDUNG: Neografia, Slowakei

1. Auflage 2024

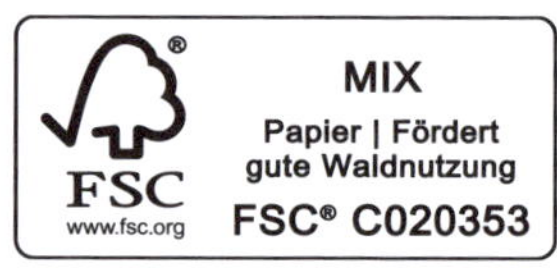

Penguin Random House Verlagsgruppe
FSCR N001967

ISBN 978-3-7358-8126-7
Best.-Nr. 28126